JN131020

人を育む 幼児体育の魅力と役割

編著者／ **国際幼児体育学会　前橋　明**（早稲田大学　教授／医学博士）

著／幼児体育指導法研究会

野村 卓哉、廣瀬　団、倉上 千恵、佐々木 幸枝、板口 真吾、小石 浩一、石川 基子、門倉 洋輔
菊地 貴志、鵜飼 真理子、小川　真、対馬 広一、橋川 恵介、山本 信吾、有木 信子
桐山 千世子、福田 京子、木村 千枝、内山 瑞枝、上里 千奈

大学教育出版

ごあいさつ

国際幼児健康デザイン研究所顧問
一般社団法人　国際幼児体育学会
会長　前橋　明
（早稲田大学教授・医学博士）

　体育【體育】は、知育・徳育に対して、適切な運動の実践を通して、脳や自律神経系の働きを亢進させ、身体の健全な発達を促し、安全能力や運動能力、健康な生活を営む態度などを養うことを目的とする教育と考えています。要は、「知育」・「徳育」に対して展開される「体育」は、①健全なからだや体力・運動能力を養う教育と考えられます。また、②学校における教科のこととしての意味もあります。

　よって、「幼児体育」は、幼児を対象として展開される体育ですが、幼児の健全育成・人間形成を中核として考えられている方と、教科として考えられている方の認識に、少々ズレを生じていることがあります。また、「体育」を「スポーツ」に変えてはという声も時に聞かれますが、「体育」は、一運動領域や種目のことを述べているのではなく、それらを使っての教育のことを取り扱っているので、「体育」という言葉には豊かさがあり、質を異にしています。そのような中で、まず人として基本となる「知・徳・体」の調和のとれた育成をめざすことが必要です。したがって、私たちの「幼児体育」では、「体」の分野で、さらに時代に適応して、たくましく生きる力を育もうとしていかねばなりません。

「知育」・「徳育」・「体育」を、「知」・「徳」・「スポーツ」に置き換わる重みが、今、提示できるでしょうか。「体育」の本来の意味や意義、役割の大きさを再認識する必要があります。日本で使っている多くの言葉は、中国から学んだものがとても多くあります。漢字一字一句に、作られてきた経緯や歴史があります。

「体育」の「体」の字を取り上げてみても、「からだ」というのは「人」の「本体」だというわけです。よって、以前は、體（骨豊）と書いており、大元は象形文字です。意味は、全身、本体、骨（＝ほねとにくという意味）が豊かである様を表した漢字です。「からだ」というのは「人」の「本体」ということで、その教育ということですから、各種のからだ動かしや運動あそび、鬼ごっこやスポーツごっこ、体操やダンス等を体験しながら、人間形成に寄与する「幼児体育」の意味や役割は、大きく、豊かなのです。

現状のところ、「幼児体育」を、①からだの発育・発達を促し、体力の向上を図るための「教育・人間形成」と捉えるか、②運動やスポーツの実技・理論を教える「教科」として捉えるか、立ち位置の違いで内容が大きく変わってきます。

いずれにしろ、中国からの漢字文化の歴史や漢字そのもの意味をしっかり勉強されてみると、気づいていない部分、不足している部分が見えてくるでしょう。「知育」「徳育」「体育」の三つのものが、人間形成の本質において一つのものであること、または「三者が（心を合わせて）一体になること」ということが、子どもの育ちにおいて大切ですから、知・徳・体のバランスのとれた力を育てていきたいと考えています。変化の激しいこれからの社会を生きるために、確かな学力（知）、豊かな心（徳）、健やかなからだ（体）をバランスよく育てることが、幼児期から必要不可欠です。

中でも、その一つである「幼児体育」が担う役割は、とても大きいものがあります。「幼児体育」を大切に考えて、子どもたちに関わって下さる皆さんに感謝です。ありがとうございます。

全国各地域における幼児体育の発展のために、また、人々の生活の質の向上のために、本書で得られた情報を使っていただけますと、幸いに存じます。

人を育む幼児体育の魅力と役割

目　次

各　論

実践編　運動あそびの創作

運動あそびの創作

保育現場の挑戦「食べて、動いて、よく寝よう」

「食べて、動いて、よく寝よう」

子どもに関するＱ＆Ａ

総　論

第1章
幼児体育とは―その意義と役割

1．幼児体育とは何か

　幼児体育を、いったい、どのように考えたらよいのでしょうか。幼児体育とは、何でしょうか。

　幼児体育とは、各種のいろいろな身体運動、運動あそびや運動的なゲーム、スポーツごっこ、リズム・ダンス等を通して、教育的角度から指導を展開します。そして、運動欲求を満足させ、身体諸機能の調和的発達を図るとに、精神発達を促し、精神的・知的側面も伸ばし、社会性を身につけさせ、心身ともに健全な幼児に育てていこうとする営みのことです。つまり、教育ですので、人間形成を図ろうとしているのが、「幼児体育」なのです。

　では、体育あそびと運動あそびについて、その違いを説明させていただきます。本屋さんに行くと、「体育あそび」の本があります。「運動あそび」の本もあります。それらの本を開いて、中を見ると、中に掲載されているあそびは、鬼ごっこであったり、マットあそびであったり、いろいろな運動あそびが掲載されています。「体育あそび」の本の中にも、同じ運動あそびが掲載されています。要は、掲載されているあそびは同じ運動あそびです。

　では、体育あそびと運動あそびは、何が違うのでしょうか？まず、あそびは、自発的・自主的に展開されるものです。いつ始まって、いつ終わってもいいのです。運動あそびは、運動量のあるあそびです。要は、動いて、からだを動かして、心臓がドキドキし、息を吸いながら、心臓や肺臓の機能が高まる動的なあそび、つまり、血液循環が良くなって心肺機能が強くなる運動量のあるあそ

びを、「運動あそび」と呼んでいます。

　「体育あそび」も、そういう「運動あそび」と同じですけれども、幼児体育
では、教育的な目標を達成するために、「運動あそび」を使って、子どもたち
の社会的な面や精神的な面、知的な面をも伸ばしていこうと考えています。体
育の中で使われる運動あそびのことを、「体育あそび」と呼んでいます。中身
は、同じあそびでも、自発的・自主的に、いつでも終わってもいいという「運
動あそび」とは違って、体育あそびは、ある一定時間、みんなといっしょに仲
良く協力して、片づけまで、一生懸命に最後まで、みんなといっしょにしよう
とするものです。

　要は、プロセスでは、努力する過程が生じるのです。体育あそびとは、教育
的目標達成のために、社会的な面や精神的な面、知的な面を考慮に入れた体育
教育的営みのある運動あそびのことなのです。そのプロセスでは、努力する過
程のあることが特徴なのです。子どもを対象に、各種の運動あそびや運動の指
導を通して、人間形成を図るわけですが、人間形成の側面には、どのようなも
のがあるのか、私は５つの側面を考えています。

　あそびを通して、①身体的にも良い状態になれる身体的（physical）な面、
②友だちを思いやって応援したり、助け合ったりする社会的（social）な面、
そして、③いろいろな遊び方を考えたり、動きの仕方を工夫したりする知的
（intellectual）な面、４つ目は、④最後まで頑張る精神的（spiritual）な強さ、
５つ目は、安定した情緒で友だちと関わり、情緒の解放を図る情緒的（emo-
tional）な面の育ちです。これら５つの側面が、幼児体育での目的にもなるで
しょう。

2. 幼児期に、経験させたい運動

　「幼児期に、経験させたい運動を教えてほしい」という質問が、よく投げか
けられます。私は、「歩くことは、運動の基本」「走ることは、運動の主役」と
思っています。ですから、歩く・走るという運動の大切さを、ぜひ幼児期に
しっかり経験させていただきたいと願います。

　要は、もっと、「歩く」「走る」という運動の経験を、しっかりもたせていきたいと考えています。そして、生活の中で、近年、なかなか行わなくなった動き、とくに、「逆さになる」「転がる」「回る」「支える」といった動きが少なくなっていますので、幼児期から努めて、しなくなった動きや弱くなった動き、とくに、逆さ感覚や回転感覚、支持感覚を育てるような動きを大事にしていきたいと考えています。

　体力・体格の発達と学習の適時性については、3つの段階に分けて、話をしたいと思います。

　まず、①幼児期から10歳ぐらいまで、いわゆる小学校の低学年ぐらいまでは、バランス系のあそび、敏捷な動き、巧みな動き等の平衡性や敏捷性、巧緻性と言われる「調整力」の獲得に適時性があります。

　そして、②小学校の中学年くらいになると、皆さん方も思い出の中にあると思いますが、よくドッジボールを行ったのではないでしょうか。ドッジボールのドッジという言葉とは、ボールをぶつけて遊ぶというイメージがありますけれども、飛んでくるボールを、うまくよける、かわすという意味ですから、様々な身のこなしができる時期ということです。よって、小学校の中学年時期に、ドッジボールをとても楽しんだという思い出を、ぜひ思い出してください。そういう身のこなしに、適時性のある時期だということです。

　③小学校の高学年ぐらいになると、だんだん動きが磨かれて、けっこう、良いフォームで運動を遂行するようになります。そして、④中学生ぐらいになると、しだいに内臓諸器官が強くなるので、持久的な運動実践へ進めるようになっていきます。

　このように、4つの段階で、子どもたちは運動の学びの適時性があるものと考えます。

3.　4つの基本運動スキル

　4つの基本運動スキルについて、お話をします。それらは、まず、①移動するタイプの動きを、移動系運動スキルと言い、ある場所からある場所まで這う、

歩く、走る、水の中では泳ぐとかして移動する動作スキルのことです。

　2つ目は、②操作系の運動スキルです。これは、物を操作するタイプです。ボールを投げるとか、フラフープを回す、ボールを蹴る等、操作する動作スキルです。

　3つ目は、バランスをとる運動スキルです。姿勢の安定を維持するスキルです。片足立ちになったり、平均台を渡ったりするスキルです。

　4つ目は、動かないけども、運動する非移動系運動スキルです。ぶら下がって頑張る、その場で押す・引く運動です。その場での運動スキルとも言います。

　もう少し詳しく見ていきます。この4つの運動スキルを、1つずつ紹介します。

　移動系の運動スキルは、這う、歩く、走る、跳ぶ、泳ぐ等、鬼ごっこやしっぽ取りあそびをして、走って移動しています。腹這いになって、這ってトンネルをくぐっています。ある場所からある場所まで、這って移動する、手をついて手で歩いて移動する、築山の上から落ち葉の上に段ボールや新聞紙を敷いて滑り降りるという移動する運動スキルです。

　次に、物を操作する、操作系の運動スキルを紹介します。つかむ、投げる、蹴る、打つ、運ぶ等があります。ボールを投げ入れる、パターゴルフ、ボールを打つ、運動会の時の玉入れ等、物を操作する操作系運動スキルです。

　そして、姿勢のバランスをとる、姿勢の安定性を維持する平衡系運動スキルです。平均台の上で立つ、乗る、渡る等の動きがあります。はしごを登っていく、廊下に積み木を置いて、その上に板を載せての積み木渡りです。このような運動が、バランスあそびになります。ちょっと緊張感をもたせて、高いレベルの平衡系運動スキルが育成できるあそびです。

　では、次に、移動はしないけれども運動する、非移動系の運動スキルを紹介します。その場でぶら下がる、その場で動かないものを押す・引くという非移動系運動スキル、別名を「その場での運動スキル」とも呼んでいます。鉄棒にぶら下がる、頑張る、動かない運動です。

　上手になると、ぶら下がったままで、足でボールを挟んで、挟んだボールを、もう一つのフープの中に入れる運動ができるようになります。腕は、非移動系

の運動を行っていますが、足は操作系の運動です。上手になると、一度に同時に2つ以上の組み合わせの運動スキルが発揮できます。

　大根抜きあそびは、「大人の足を少しでも動かしたら、子どもの勝ち」という非移動系の運動です。寝転がってL字になったパパの両足を、床に倒す運動もあります。ママやパパの腹筋運動にもなりますね。動かない足をぐっと引っ張って床につけようとする、非移動系の動きですね。

　さて、もう一度確認します。基本の運動スキルとして、移動系運動スキル、操作系運動スキル、平衡系運動スキル、非移動系運動スキルの4つの基本運動スキルを頭に入れておいていただけたら、嬉しいです。

4．幼児と運動指導

　幼児にとって発達理論の伴わない技術面に偏った運動経験やスポーツ体験は、早期から運動に対する好き嫌いをはっきりさせます。大切なことを、3つお伝えします。

　①　運動面で、ルール性に富んだものを早くからさせすぎたり、競争的立場を早くから経験させすぎたりしないことが大切です。2つ目は、②指示に従うのみで、与えられたことだけできるような子どもを期待せず、運動の方法や遊び方を工夫したり、創造したりする、自発性づくりに目を向けることが大切です。

　3つ目は、③特定の運動をさせるよりは、いろいろな運動を体験させ、運動に親しみ、楽しく活動させることが大切です。幼児期には、これら3つを大切にしてほしいと願います。

　子どもたちが自発的にあそびを展開していくためには、まず基本となるあそびや運動の仕方、安全に関する約束事を、その場に応じて実際に紹介する必要があります。そして、子どもたちが自発的にあそびを展開したり、バリエーションを考えだしたりして、あそびを発展させるきっかけをつかんだら、指導者はできるだけ早い時期に、主導権を子ども側に移行していくという基本方針をもつことが、幼児体育では非常に大切になってきます。

　皆さん、保育時間内に運動を指導し、終了の挨拶の後、子どもから問いかけがあった指導事例をお伝えします。子どもが、「先生、もう遊んでいい？」と質問したのです。

　もし、その先生の指導が非常に心に残って、おもしろかったならば、「もっとしたい。まだまだやろう」って言ってくるはずです。「いや、今日はもう時間がないからね。今日は終わり」と答えると、「じゃあ、明日もしてね。明日も、またしようね」という、感動した反応が返ってくるはずです。ところが、周到に準備されて指導されても、子どもの心を動かすことができていなかったのかもしれません。要は、子どもたちから、「あー、おもしろかった。もっとしたい。明日も、またしてほしい」と、感動した反応が戻ってくる指導を心がけたいと願います。

　動きを通して、動きだけを教えるのではなくて、動きを通して子どもの心を動かすという、そういう運動指導の重要性、あるいはあそびの紹介と伝承の必要性を、痛切に感じています。動きを通して子どもの心を動かし、そして、子どもたちが感動する「運動、心動、感動」という教育のあり方が、やはり指導の中では重要なことと、思っています。じゃあ、そういう「心が動くあそび」って、どんなあそび？どんなことをし、どうしたらいいのでしょうか。

　では、「動きを通して、子どもの心を動かすあそび」って、どんなあそびがあるのか、どんな方法で教えたらいいのか等、その参考に少しでもしていただけたらと思って、私の子ども時代のあそび体験をお話ししたいと思います。指導者との学習ではなかったのですが、私の父親とのあそびの中で心が動いた思い出がたくさんあります。

　セミとりに夢中になっていた私の様子を、母親が父親にそっと伝えたのでしょう。父親が、ある日曜日の昼に、「セミとりに行くか？」って、誘ってくれたのです。非常に嬉しかったですね。忙しい父親が、私を遊ぼうって誘ってくれたのです。こんな嬉しいことはなかったです。「じゃあ、お父ちゃん、すぐ用意する」と言って、網を取りに行きました。ところが、その網は破けていたのです。「お父ちゃん、網が破けている。セミとりに行けない」と、答えました。「よし、その網を持って来い。見せてみろ」と、父が言ったので、すぐ、

網を取りに行って、父親のところに持っていきました。父親が、網を見て、「本当だ。網が破けている。よし、お母ちゃんから、ハサミを借りて来い」と、私に言いました。「えー！ハサミ？破けた網をチョキチョキ切ってくれて、網を取り換えてくれる」と、私は思ったのです。そして、母親のところに行って、「お母ちゃん、父さんが網を変えてくれるよ。ハサミがいる」と言って、ハサミを借りて、父親に渡しました。父親は、網をチョキチョキ切って、輪っかだけにしました。そして、父親は、柄を持って、地面について、「よし、セミ取りに行くぞ！」と言ったのです。網は、付け替えてくれていない状態です。輪っかだけなのです。

　私は、父親のことを「馬鹿」かと思いました。「うちのお父ちゃん、阿呆じゃないの。網がないのに、セミが取れるわけがないと思ったのです。でも、父親は、「よし！虫かごを持って来いよ！セミ取りに行くぞ。神社に行くぞ！」って言うのです。本当に、阿保かと思いましたね。そこで、仕方なく、私も付いて行った訳です。そして、神社に行く道中に竹やぶがあって、父親がそこに入って行くのです。父親は、「ちょっと、ここで待っておけ！」と言って、網を持って竹やぶに入っていきました。何をするのかを見たら、持っている網の輪っかにくもの巣をたくさん集めているのです。

　つまり、くもの巣に、網の輪っかを置いて、クルクルとくもの巣を巻きつけていくのです。そして、バドミントンのラケットの面のように、クモの巣でネットを張った状態にするのです。要は、くもの巣で、金魚すくいの道具のような形の網を作るのです。バドミントンのラケットを想像してください。網の部分に手を当てると、くもの巣だから、くっ付くのです。また、強く押しても、破けないのです。くもの巣をたくさん集めているから、弾力性があって、「これ、お父ちゃん、引っ付くし、強いな！」。これが、父親が作った網だったのです。神社に行って、ミーン・ミーンと鳴いているセミのところにそっと近づいて、セミを網にペターッとくっつけるのです。セミと格闘することなく、セミが網にくっつく昆虫採集でした。小学校1年生の時でした。夏休みの宿題で、昆虫採集のセミを持って行くと、先生が凄くびっくりして褒めてくれました。「前橋君の集めているセミは、羽も折れてないし、原型をとどめて、きれいだ」

と言ってくれました。

　さて、そのセミとりに行った当日は、非常に感動した自分がいました。帰ってから、母親にもしっかり伝えました。次の日に、その感動体験の出来事があるのです。友だちを集めました。みんなに網を持ってくるように伝えて、6人が集まりました。私は、ハサミを持っていたのです。そのハサミでみんなの網をチョキチョキ切り落として、輪っかだけにしたのです。「何、するの！」と言われましたけれど、「見ていたら、わかる」と言いながら、全部切っていったのです。その後、みんなで竹やぶとか、倉庫に行って、たくさんクモの巣を探しました。クモの巣を集めて、父親が教えてくれた網を作ったのです。それで、セミとりに行ったのでした。たくさんセミを取って帰りました。みんなも、おもしろかったと言って帰りました。

　こういうふうに、私の思い出は、広がっていくのですけれども、その晩、一人の友だちと、そのお母さんが、家に来ましたね。「明（私の名前）ちゃんは、何でこんな悪いことをするの？うちの子の網は、昨日、買ったばっかりなのよ」と言ってね。本当に謝った思い出もあります。でも、友だち同士の中では、とてもおもしろかったと言って、良かったのですが……。非常に感動した結果、自分たちもしてみよう。次の日にやってみようという状況になったわけです。クモの巣の粘着性を利用してセミを取る方法、網のなくなった輪にクモの巣をくっつけたセミとり用の網をつくってのあそびだったのです。すごく心が動いた思い出になっています。また、感動したからこそ、友だちを誘ってみよう、もっとしようと思ったわけです。

　もう一つ、私のあそびを紹介します。魚とりです。子ども時代ですから、小川での魚とりです。川上から水が流れて、魚が通るだろうという、川の中の魚の通り道に網を構えて、友だちに追い棒で、水の中をどんどん突いて、魚を追ってもらいます。友だちと、魚を挟み撃ちにするわけです。追い棒で、水の中を突いたり、叩いたりしながら、魚を網に追い込む魚とりなのです。でも、子ども同士で行うと、網を上げてみるとゴミばかりでした。そんな魚とりでした。

　これも、父親との思い出ですが、父親が魚とりに誘ってくれました。子ども

たちが遊んだ後に、父親に網を貸しました。父親も、魚が通りそうな流れの藻と藻の間に網を置き、構えました。僕らと同じやり方だと思いながら、私は言ったのです。「お父ちゃん、僕が追い棒で追い込むよ。挟み撃ちするよ」と言ったら、「追い棒は、いらない。置いておけ」って言うのです。追い棒は使わず、水が流れている上流に向かって足音を立てて畦道を歩いていけ。音を立てるんだよ」って言うんですね。だから、私は足踏みをして、川上に歩いていったのです。私が7～8メートルぐらい行ったところで、父親は、「おい！入った。入ったぞ！」「大きな鮒だ！」と言って、私たちも走って行きました。「お父ちゃん、すげえ！大きな鮒が入っている！」と言って、すごくびっくりして喜んだ思い出があります。

　日本では、春に田植えのために川から水を引き、6月ぐらいには、小川の水かさが増えて、魚がいる様子を見ることができるようになります。小川に沿って歩いていると、魚は、人間と同じ方向に、一時、泳いでいますが、人間の進む方向がわかると、魚は、逆方向に向きを変えて、すばやく逃げるのです。すごい勢いで、すばやく泳ぎます。そこへ、父親が網を置いて待っているのです。

　ということは、私がオトリになって、網とは反対の方向に向かっていくわけです。そうすると、魚は人間が進む反対の方向へ、泳いで逃げるという習性があるため、追い棒を使うことなく、魚を追い込むことができるわけです。魚を追いたい反対の方向へ、歩くだけで、魚を追い込むことになるわけです。足音を立てて歩いていって、逆方向で設置した網に魚を追い込む。これを、父親が教えてくれたのです。これも感動しました。次の日に、また、友だちを集めて、みんなで魚捕り行こうって誘いました。追い棒なんか要らんのだと言いながらね。友だちに、その知恵を伝えた思い出があります。

　こういうふうに、あそびの中で、心が動いていると、したくなるのです。テレビやビデオも、本当におもしろいです。でも、セミとりとか、魚とりは、私にとってはあの時の感動体験がとてつもなく大きなものでしたので、いくら好きなテレビを見ていても、友だちが「魚とりに行こう？セミとりに行こう！」と、誘ってくれたら、テレビ視聴を止めて、あそびに行っていましたね。そういうふうに、心が動く感動体験をもたされた活動や、あそび、運動には、子ど

もたちがぐっと向かっていくのです。でも、今頃は、そういう「動きを通して心が動く」ような感動体験の指導に出会っていないのでしょう。そこで得る経験が、今、乏しくなったのでしょうね。

　子どもは、どうしてもテレビ・ビデオのおもしろい方向に向かっていきます。ぜひ健康づくりや体力づくりにつながるようなあそびや運動を、子どもたちにさせたいならば、そういう心の動くような運動提供の仕方や指導の方法を考えることが、今、私たち指導者や大人たちに求められていることではないでしょうか。動きを通して、子どもの心を動かす指導が、幼児体育では大切です。「運動、心動、感動、そして、生活化」の幼児体育を心がけたいものです。

5．幼児に対する運動指導上の留意事項

（1）服装・持ち物

　幼児に対する運動指導上の留意事項について、お話をさせていただきます。まず、指導者と子どもの服装についてです。運動を幼児に指導するにあたって、指導上、大切な留意事項を整理してみます。運動を指導する時の指導者の服装として、子どもたちの顔やからだに自分の腕時計やアクセサリーを引っかけたりしないように、腕時計やアクセサリーは外して指導に臨んでください。首からかけている笛の紐にも要注意です。紐が子どもに巻きついたりしないように、首からぶら下げての実技指導は控えてもらいたいと考えます。フード付きウエアーでの指導も視界を妨げたり、動きを止めたりする可能性があるため、控えてください。子どもたちの顔やからだを引っかいて傷つけないように、爪を切り揃えておくことも重要です。

　運動を行う時の子どもの服装としては、動きやすい服装であるかどうか、厚着をしていないかどうか、戸外では帽子をかぶっているか、靴をきちんと履いているか、とくに靴の後ろを踏んでいないか、マットや器械運動系の運動時に、頭にヘアピンをつけていないか等をチェックして、問題があれば、それらの問題点を正してから始めることが大切です。

　さて、服装をチェックしていただいて、実際に園庭や公園で遊んでみましょ

う。遊ぶ前に気をつけてもらいたいことをお話しします。もう一度、服装についてですが、子どもの服装が乱れていれば、安全のため、整えてから、あそびを始めさせましょう。

　まず上着の前を開けっ放しにしない。靴はしっかり履いて脱げないようにする。靴とかかとをしっかり合わせて、そして、マジックテープでしっかり止める。靴を履いて、かかとを床につけて、かかとを合わせるようにして、かかとトントンとすると、しっかり履けます。

　また、持ち物ですが、カバンは置いて遊ぶようにします。カバンの紐が引っかかって動きが妨げられることがあります。冬場では、マフラーを外して、あるいは、紐つき手袋は、紐がもし物に引っかかると、両手がふさがりますので、危険がないように、遊ぶ前に持ち物を、保護者の方や先生方に預かっていただいて遊ぶようにさせましょう。

（2）運動遊具

　実際の運動遊具ではどうでしょうか。遊具の上に上がったら、上から物を投げないようにすることが求められます。下に友だちがいて、投げたものがぶつかる危険性があるので、上からは、絶対に物を投げないように指導してください。また、ロープが取り付けられている固定遊具は、安全性が十分に確認されて、製品として取り付けられているわけですが、ターザンごっこをイメージして、子どもたちが手持ちのビニール製のロープを、上に引っかけてターザンごっこをすると切れやすいですから、基本的には遊具に自分たちで勝手に紐やロープを巻きつけて遊ばないことが重要です。

　濡れた遊具では遊ばない。滑って転んで大ケガをします。あるいは、飛び降りをしない。飛び降り自体は、運動としては非常に大切な動きですが、一般公園では自分たちだけではなく、小さい子もまわりで見ていますので、注意しましょう。お兄ちゃんたちが行っている飛び降りを非常に興味津々に見ていますので、したことがないけれど、自分もやりたいと思い、挑戦して上から飛び降りて大きなケガや事故に結びついた事例もあります。ですから、一般公園では、飛び降りはしないようにする指導が必要です。

　また、壊れた遊具では、遊ばずに、壊れているところを見かけたら、ここが壊れているよと、大人の人や先生たちに知らせることも、指導として重要です。さて、次は実際の指導上の留意事項について考えてみたいと思います。

（3）実際の指導場面（ウエアー・立ち位置・マットの使い方）

　まず、フード付きのウエアーでの指導は、子どもたちが視界を妨げたり、動きを止めたりする可能性がありますから、控えましょう。それから、先生として、太陽を背後にして、子どもたちの正面に太陽がくるような立ち位置は、非常に眩しくて、子どもたちが集中しません。気をつけてください。

　子どもたちを眩しくしないように、太陽を背にさせることが大切です。屋外で指導する場合は、太陽の位置や風向きに注意することが必要です。話を聞く子どもたちに、太陽光や冬場であれば、冷たい風が直接、正面から当たるような指導者の立ち位置は、子どもが眩しかったり、寒かったりして、注意力を削ぐことになります。子どもたちが太陽や冷たい風を背にして位置できるように心がけてください。

　次は、マットの扱いについてです。マットは、持ち上げて運び、引きずらないでください。これが、マットの利用上の鉄則です。きれいな状態で、長持ちがするように大切に扱ってください。子どもたちが転がったり、頬をつけたりするので、できるだけ綺麗に維持できるよう、丁寧に扱いましょう。

　それからもう一つ。マットの持ち手の部分、耳と言われる部分ですが、最初、マットが新しいうちは、耳はくっついた状態ですが、この持ち手の部分は使っていると、だんだんと開いてきます。そうすると、まわりで動いていると、このマットの持ち手である耳の部分に、足を引っかけて転ぶという事故も起こります。ですから、耳の部分をマットの下に入れるというのが、使用前の注意事項です。マットの耳を下にして、子どもたちが手足を引っかけないようにマットを敷きましょう。

　先生がマットを引きずって移動させたり、あるいは、足で移動させたりしている先生に子どもがつくと、子どもたちも、マットを雑に扱うようになります。ぜひ、マットは、協力して持ち上げて運ぶという指導が必要です。

　用具や器具は、保健衛生上、綺麗に、かつ、衛生的に長く保持できるように丁寧に扱うとともに、安全上、正しく使いましょう。マットを引きずっての準備や片づけはしないように気をつけましょう。マットを使用する場合は、事前の消毒や清掃の必要な時が多々ありますから、気をつけてマットを準備してください。マットを足で動かすこともしないように、気をつけましょう。子どもたちは、先生がしている行動をよく見ています。ぜひ正しいマットの使い方を、子どもたちに見せてやってください。

（4）隊形

　隊形の特徴について、お話をします。子どもたちを集めての指導では、横長の隊形で集合させるのがよいです。横長に集めれば、後方にまで声が届きやすく、指導者とのアイコンタクトがしやすくなって、子どもたちの集中力が増していきます。

　一方、縦長の隊形で、子どもたちを集めると、後方に位置する子どもたちには、声が届きにくく、示範も見えにくくなります。また、指導者の視線も感じられなくなります。気をつけることは、どのような隊形でも、指導者の視野の中に、全員の子どもたちが入るような広がり方を意識することが大切です。指導者の視野から外れると、子どもたちは指導者との距離が近くても、指導者の視線を感じづらく、集中力を持続できません。横長に位置する隊形での指導が、子どもたちは集中して力を出すようになります。子どもたちを集めての指導では、横長の隊形で集合させることがよいでしょう。横長に集めれば、後方にまで声が届きやすく、指導者とのアイコンタクトもしやすくなります。そして、子どもたちの集中力が増していきます。

　見本を見せる場合も、横から見る場合が、子どもたちにとって、比較的わかりやすいと思います。また、指導者の位置ですが、指導者は、実際に指導している子どもだけでなく、見学しながら待っている子どもたちの様子も見える位置にいましょう。

　室内では、帽子を脱ぐという基本の指導も必要です。ただし、運動のために、髪の毛を束ねる場合、回転運動をして乱れて危険になることを防ぐために、室

内でも帽子をかぶらせることもあります。室内で、帽子をかぶっている方が運動しやすいという場合には、帽子をかぶることがあります。見本の動きを横から見えるように、子どもたちを位置させることが大切です。

　さて、子どもたちを集める時には、背後のスペースを十分にとってください。子どもたちを集めたいと思う時には、子どもたちを集めるための指導者の位置として、通常よりは一歩前で呼びかけて、子どもたちが集まってきたら、子どもたちをそこへ止めて、自分が後ろに下がっても、後ろに余裕があるという位置での呼びかけ方がよいでしょう。

　子どもたちは、大好きな先生の所に集合がかかると、走って集まってきます。また、自分が一番になりたい、一番になったのを見てもらいたいと思うのでしょう。ですから、通常の位置よりも、前で呼びかけて、そういう状態になっても、後ろに下がって、まだスペースがあるという立ち位置が良いでしょう。

　整列、子どもたちとの距離について、振り返ってみます。子どもたちに、「集まれ！」と呼びかけると、子どもたちは、我先に指導者に向かって走ってきます。一番なりたい、大好きな先生にくっつきたいというのが、子どもたちの気持ちでしょう。そのような場面で、指導者が後方にスペースを取らず、壁に手をつけた状態で集合を呼びかけてしまった場合、身動きが取れなくなります。子どもたちを集める時は、自分の立ちたい位置より少し前で、子どもたちを呼んで受け入れ、その後に、自分が数歩後ろに下がって、子どもたちと一定の距離を保つように心がけましょう。

　このように、子どもたちとの距離を適切にとることで、示範も見せやすく、子どもたちとの視線も合わせやすく、ゆとりをもって指導しやすくなります。

　次に、子どもたちが、体操の隊形に開いている状態を思い浮かべてください。子どもたちの位置から横の友だちとは間隔と言います。前後の友だちとの間は、距離と言います。前後の距離、横との間隔と、言葉として、覚えておいてください。

　また、先生は、スカートで指導されないように気をつけてください。大きな動きやジャンプするような動きでは、下着も見えてしまう問題も生じますので、ぜひ、先生の方も、服装を整えて指導に臨んでもらいたいと願います。

　整列する時は、隣の子どもとの間隔を適切にとった後に、前後の距離を保つことに集中させるとよいでしょう。まず、隣の子どもとの間隔、そして、前後という順番で集めると、子どもたちは、スムーズに集合できます。となり同士が、お互いに手が届かないように間隔をあけて並ぶようにさせると、次は前後の距離をとることだけに集中しやすくなり、早く整列できるようになります。

（5）子どもへの対応

　子どもへの対応についてお話します。話す時は、子どもの目を見て話し、みんなの前でも勇気を出して表現できるように優しい口調でゆっくりと話して、子どもを応援することが必要です。子どもの気持ちが穏やかになるように、話す時は子どもの目を見て話し、みんなの前でも、優しくゆっくり応援していきましょう。

　私が失敗した思い出ですが、前に出てきた子どもの姓を間違えて、女の子なのに、「○○君」って、声をかけた時、その子にとても辛い思いをさせた経験があります。子どもの姓を間違えないように、名前を呼んであげてください。

　それから、名前を聞いた時のことですが、聞き取れなかったので、子どもに何回も名前を聞くと、子どもが怒った反応をしました。名前をしっかり聞き取れるのがよいのですが、聞き取れない場合は、次の質問を用意して、「じゃあ、年はいくつ？」というふうに、進めていくことも大切です。そんなテクニックも、時には先生には必要ですね。大切なことは、話す時は子どもの目を見て話すようにしましょう。

　また、指導者が子どもに動きを見せる時は、わかりやすく大きく、元気に表現することが大切です。そうすると、子どもの方に、してみようという気持ちが出てくるはずです。先生が大きな動きで示範を見せていくと、子どもたちも一生懸命に、のびのびと動けるようになります。子どもに動きを見せる時は、大きく元気に表現することが大切です。とくにしっかり伸ばすところは伸ばし、曲げるところは十分に曲げることが大切です。そうすると、子どもの方に、頑張ってみようという気持ちが出てくるはずです。しかし、子どもは、大人の悪い癖も真似ます。見本に示す動きは、しっかりした、正しい動きが良いでしょ

う。手を大きく上げて深呼吸をしてほしいけれども、先生がちょっと手を抜いて小さな腕の動かし方をすると、子どもも同じ小さな動きをするようになります。伸びる時にはしっかり伸びることが大切です。

　腕時計をしての指導にも、注意が必要です。部屋の中に時計がない場合、あるいは、身体接触がない指導計画の場合は、時計をつけて指導されることもあります。

　また、指をしっかり伸ばす動き、しかも、しっかりからだを動かせるものが運動として良いですが、時々、からだを上下させたり、回したりして、方向も変えてみましょう。

　子どもたちに、指導の見本を見せても、わからないところが出てきます。子どもにとって、わからないところは、具体的に子どものからだを動かしたり、触ったりして教えると、動きが理解しやすいでしょう。一斉に指導するだけでなく、巡回して見て回り、子どもたちの様子を見て、実際に子どものからだを動かしたり、触って示したりしてあげると、動きの理解がしやすくなるということです。また、一生懸命にしようとしている子どもにしっかりと対応することが大切です。

　上手にできている場合や頑張っている場合、工夫している場合は、しっかり褒めていきます。そうすると、子どもはやる気を出したり、褒められたことで、さらなる自信につながったりします。こうして、巡回しながら、「先生の手に足がつくかな？」、足の裏を持って「伸ばしてごらん！」と、子どもたちがわからないところは、具体的に子どものからだを動かしたり、触ったりして示してあげると、動きが理解しやすいということです。また、子どもたちに見本を示したり、話をしたりするときは、いったん、子どもたちを座らせてから行うのがよいでしょう。

　次に、親子体操の指導場面で見本を見せたり説明したりするときは、大人もいる中で、みんなが立ったままだと、小さい子どもは、話している指導者が見えません。みんなに、座ってもらって、落ち着いて、その場で見本が見えるようにしてあげることが大切です。

　実践では、大人のからだの大きさや力強さを、子どもに感じさせることも必

要です。子どもは、大人の力の強さや頼もしさを実感し、いっそう信頼して関わってきます。でも、大人の方は、力の加減もしてください。

　動きは、簡単で、しかも、しっかりからだを動かせるものがよいですが、からだを上下させたり、回したりして、同じ方向だけでなく、方向も違う方向に変えてみることも大切です。

　子どもを持ち上げて、力強さも見せてください。手押し車で、前に進もうとするけれども、ちょっと止めて、子どもに大人の力強さを知らせることも大切です。

（6）運動量

　寒い時は、からだが温まるように、運動量や動きの多いものにしましょう。指導者の話が長い場合、子どものからだは冷えて、かじかんで練習できない状態になります。また、課題が難しかったり、通路が狭かったり、選択するコースがなかったり、割り当てられた子の人数が多すぎたり、用具が少なかったりすると、どうしても待ち時間が長くなります。そして、運動量が激減していきます。限られた時間の中で、待ち時間を少なくし、効率的に動けるように配慮して運動量を確保する工夫が必要です。ボールを追いかけて、しっかり動けるような、移動系の動きを導入することが、からだが温まるコツでしょう。

　また、運動の中で、高い巧技台の上を歩く課題は、緊張感があって、集中しますね。課題は、通常、単純なものから複雑な課題へと、少しずつ難易度を上げていくように配慮してもらいたいですけれども、ときに課題を難しくして、適度な緊張感をもたせることは、動きに対して集中させたり、新鮮さをもたせたりする点で、とても重要になります。

（7）廃材利用

　廃材利用の環境づくりの工夫と安全性について、お話をします。身近にある道具や廃材を利用しても、楽しい運動やあそびに役立つことを、子どもたちに知らせることも大切です。ダンボールの箱を使って、雪あそびやソリあそびは楽しいです。園庭の築山に雪が降った時は、最高ですね。園庭でも、ソリあそ

びができる子どもたちは、大好きな山に登って、そして、段ボール箱をお尻に敷いて、魔法のジュータンあそびやソリあそびを楽しみます。

　今日、指導者自身に、日頃から身近にあるものを用いて、どのような手づくり遊具が創作できるか、考案する努力が求められています。操作系の動きのゴルフあそびで、ボールを打つ、そして、的に入れたり、当てたりします。竹馬も、先生が作ってくれている様子を見て、「自分たちのために作ってくれている」「できるまで楽しみに待つ」という環境と時間が、保育の中での活動に、しっかり結びついていきますので、ぜひ先生方にも、ご自身が工夫して教材をいろいろ作るということも、大事にしていただきたいと願います。

　道路の工事用のコーンの先端部を切りとって、ボールが乗るようにします。ボールをコーンの上に乗せて、固定されたボールを打って野球ごっこをするわけです。ゴルフのティーを応用したティーボールあそびです。ボールも、いろんな大きさや硬さのボールを使って、また、バットだけでなく、手で打ったりして、いろいろ工夫することができます。女の子も、柔らかいボールであれば、両手で抱え込むようにボールを捕球できますので、ぜひこのような打つあそびも採用していただければ嬉しいです。

　できないことでも頑張って取り組んでいる時は、その努力に対する励ましの言葉をしっかりかけてあげましょう。跳び箱の上に登るだけでも、幼子にとっては非常に不安で、バランスを崩しやすいものです。それができるだけでも、みんなでしっかり褒めてあげることが必要です。

（8）安全管理・安全指導

　園庭で子どもたちが連なって、鬼あそびをしています。屋外であれば、落ちているものや穴が開いているところ等、そういうところに注意を払っていきましょう。事前に取り除ける危険なものについては、拾ったり、動かしたりして、子どもたちが転んでも危なくないようにする準備が必要です。

　服装についての確認です。指導者自身が自分の身だしなみに注意することを忘れないようにしてください。子どもたちに、「シャツをズボンにしまいなさい！」と言いながら、指導者自らがファッションにこだわって、シャツを出

しっぱなしにすることのないようにしてください。シャツをファッション的に羽織っての指導では、逆立ちをすると、お腹が見えます。シャツは、ズボンの中に入れて、指導しましょう。マット運動をして、示範を見せる時に、お腹や背中、女性でしたら下着も見えてしまいますので、先生の方も服装を整えてから指導に入ることが大切です。とくに、室内の床面で、靴下であれば、子どもを持ち上げた時に、指導者も滑って転びます。子どもの補助は、危なくてできませんので、靴下での指導は控えるようにしましょう。上履きを履く、あるいは、床面ですので、裸足になる準備が必要でしょう。まずは、子どもたちの見本となろうとする意識をもつことが、先生には必要です。

　用具や器具の安全な使用方法と共に、どれくらいの使用方法があるかを日頃から知っておきましょう。道具や器具は、どんな形状や重量なのか、それらについての知識を習得しておくことが、安全な運動の展開には必須です。跳び箱を分解して、そのパーツの中を渡って行くコースあそびの設定は、どうでしょうか。子どもたちは、枠の間を進んでいきます。けれども、跳び箱を組み立てる時のつなぎ目の部分の鉄が出てしまいます。こういう出っ張ったところに、転んで顔面をぶつければ、皮膚を縫う状況にもなると思います。いくら工夫して、組み合わせて運動環境を作っても、もし子どもが転んだ時に大ケガをするようでは、良い環境とは言えません。

　子どもが遊ぶ上で、安全管理や安全指導は、必須です。とくに、運動遊具の劣化点検をしっかり行って、子どもたちの指導に臨んでほしいと思います。安全点検のポイントですが、まず、運動場に設置された固定遊具の支柱あたりの地面を掘ってみると、支柱が錆びていることがあります。また、木であれば、腐っています。こういうことは、土を掘ってみないとわからないことですので、大きな事故を招く危険性があります。定期的な点検の中で、こういうポイントもチェックして下さい。

　劣化する遊具の部分ですが、腐食しやすい部分は、溶接部の腐食です。あるいは、遊具を接合させている接合部の腐食も起こりやすいです。また、ブランコを取り付けて、そして、ギコギコとすり減るようなところ、そういうところの摩耗や破損もよくありますので、気をつけて点検してください。また、ロー

プが張られている遊具は、長い間、外で雨風にさらされていると腐ったり、使うと切れたりしますので、こういう部分から、子どもたちが大きなケガを誘発しますので、ロープの破断については、十分、チェックをして、問題があれば、修理・改善のお願いをしたいと思います。子どもたちにも、「こういう状況を見たら、先生に伝えてね」と、日頃からの安全指導も必要です。

　次に、ブランコの取り付けている土台となる基礎工事の部分ですが、基礎工事のコンクリートの部分が、地面の上に出ている場合です。子どもたちがよく動くと、どんどん土が取れていきますが、こういうときの基礎工事部分の露出は、土の中に埋めることが大事です。

　以上、安全環境のチェックは、指導の前に十分な空間を確保し、まわりの人や物に当たらないかを、自分も指導のできる服装で望んでいるか、ゆとりをもったスペースを確保しているか、そういうことを確認してから、安全に指導を始めることが大切です。もう一つ、指導者の立ち位置について、戸外で指導をする場合は、太陽の位置や、冬場であれば冷たい風が吹く風向きに注意することが必要です。冷たい風や太陽が、子どもたちのからだの後ろからであれば、子どもたちも我慢できますので、子どもたちが、太陽や冷たい風を背にして位置できるように、先生方も心がけていただきたいと思います。

　また、ボランティア活動で子どもたちの前に立つ学生の皆さんも、そういうことを大切にしながら、ボランティア活動に臨んでいただけたら、ありがたいなと思っています。

幼児の体育・健康づくりトピックス ①

幼児教育・保育からの幼児体育について

　3年間のコロナ禍により、密を避けるための対策として幼児の活動の制限を多く取り入れなければならず、その中でますます子どもたちの運動量は激減したと感じます。

　そして、昨今、園庭をもたない、運動会を行わないという保育施設が増えてきました。そのため、小学生になって初めて、鉄棒・跳び箱・リレー・ボールを使った運動やゲーム等を体育の授業で経験する子どももいると聞きます。

　乳幼児期の体力を養う大切な成長期に、四肢を使ってしっかりとからだを動かす運動やあそびで日常を過ごしてこなかった子が、小学1年生になるといきなり広い校庭で、安全に安心して活動的なあそびができるのかなぁ…と、不安を感じます。身のこなしや子どもの身体の発達には、各年齢その時々に応じた動作・感覚の習得が必要と考えます。

　そこで、幼児期の子どもたちに関わる私たち保育者・保育教諭が、改めて幼児のからだづくりのために幅広いあそびの実践に本気で取り組むことが必要だと考えます。

　保育の中で、11月に、年長児が片道1時間半は裕にかかる山に登山に行きます。車が通れない山道なので職員に励まされながら自力で歩くしかありません。体力が低下しているとはいえ、例年途中で断念した子はいなくて、最後まで歩ききり、目的地のお寺で食べたおにぎりは「最高に美味しかった!!」と、言います。

　また、その登山では、マラソン大会と違い、子どもの感想が概ね2つに分かれたことが印象的でした。ひとつは、疲労感のみを訴える子、そして、もうひとつは満足と達成感のみを訴える子、これらの子どもの差は、何なのだろうと気になりました。もちろん、心の動きが大きく影響していることは予想できます。ただ、体力や心の動きだけではないと感じるのです。様々な活動を通して、体力の低い子どもにもしっかりとからだを動かして「疲れたけど、おもしろかった」という、心地よい疲労感と心の充実感を体得してもらいたいと、願いました。

　保育所保育指針[1]には、幼児期の終わりまでに育ってほしい姿として、健康な心とからだを最初にあげ、自己を十分に発揮してあそびや生活を楽しむ中で、からだを動かす気持ちよさを感じたり、生活に必要な習慣や態度を身につけたりし

ていくと記されています。保育士や保育教諭、体育指導者など、乳幼児期の子どもに関わる全ての保育者や指導者は、発達に即して子どもたちが必要な体験が得られるよう意識して計画をしたり工夫したりして実践していくことが求められます。

　また、自らからだを動かして遊ぶ楽しさは、小学校の学習における運動あそびや休み時間などに他の子どもといっしょに楽しく過ごすことにつながり、様々な活動を十分に楽しんだ経験は、小学校生活の様々な場面において生き生きと行動する力を育んでいきます。

　ゆえに、幼児期の体育・あそびは、身体の成長発達を促すだけでなく、心の育ちにも大きく関わっていくということを深く考え、意識して活動（あそび）の提供をしていかなければならないと考えます。

　新入園児を迎える４月も、随分と園庭での外あそびに助けられました。戸外の自由あそびは、子どもにとって年齢を問わず開放的にのびのびと、何よりも重要な主体的に行動できる良さがあります。身体全体で夢中になって遊び、時間を忘れて没頭している姿が見られたとき、心もからだも成長していると感じます。

　園での普段の生活の中で、乳幼児のあそびを発展させたり、活動（あそび）のねらいを身体の成長発達や健康に結びつけたりすることで、四肢を基にからだを育てる幼児体育と捉えることができると考えました。

【文献】
1）厚生労働省：保育所保育指針，2018.

第2章
生き生きとした子どもたちを育むために、私たちができること

1. はじめに

　1980年頃から2019年末まで、私たちの社会は夜型化が進んで、子どもたちは、遅寝、遅起きで、朝食をしっかり食べずに、朝の排便もなく、園に登園している幼児が目立ってきました。社会生活が夜型化し、働く母親が増加、保護者の勤務時間が延長されることも一因となり、子どもたちの生活のリズムにくるいが生じてきました。

　早稲田大学前橋　明研究室の研究から、幼児の夜型化の誘因になっているものは、①日中の運動不足、②テレビ・ビデオ視聴の長さ、③夕食開始時刻の遅れということが、わかりました。

　その後、2020年から、新型コロナウイルスの感染拡大に伴う外出自粛や運動規制が加わり、子どもたちは、ますます外に出て動かなくなりました。その結果、外あそびは激減し、室内でのテレビ・ビデオ視聴だけでなく、動画視聴、いわゆるスマートフォンやインターネット等を使っての静的な活動や目を酷使する活動が増えてきました。

　結局、体力低下だけでなく、視力低下の子どもたちが増え、また、運動不足・食（おやつ）の不規則摂取による肥満や、逆に、食の細いやせ傾向など、普通体型の子どもたちが激減する結果になりました。

　さらに、義務教育時代に子どもたちのあそびがオンラインゲームばかりになった場合、その後の成長にどんな影響が出るかを話し合い、デバイスの過度な利用による影響と外あそびの効能を、話し合っておきたいと思います。まず、

デジタルデバイスの過度な利用によりもたらされる心身への影響については、多くの保護者や教育者が懸念していますが、その影響に関するエビデンスは、未だ十分に議論されていません。デバイスの過度な利用がもたらしうる子どもの健全な成長への影響について、これまでの研究や調査の結果をまとめ、その負の影響を、外あそびが打ち消しうるかについて検討し、デバイス利用と合わせて、外あそびが奨励されることの重要性について確認したいと思います。

　早稲田大学前橋明研究室が行った調査結果より、新型コロナウイルス感染症パンデミック前である2020年2月と、パンデミック中で臨時休校があった2020年5月の小学生のメディア利用時間および戸外での運動時間を比較したところ、男・女ともに、メディア利用時間が戸外運動時間に比べて何倍も長いことがわかりました。パンデミック中においては、さらにメディア時間がどの学年でも、約2倍に増え、戸外運動時間も比例して長くはなっているものの、メディア時間に比べて圧倒的に短かったです。

　屋外で過ごす時間の著しい減少と、デバイス使用時間の増加は、近視発症を引き起こす可能性が高いです。また、長時間のデバイス使用は、姿勢に影響し、子どもの頭部や頸部屈曲を引き起こす可能性があります。

2. 外あそびの魅力・効能について考えてみよう

　外あそびの効能は、1日2時間の屋外での身体活動は、近視の発症や進行を抑制し、子どもの近視リスクを低下させます。屋外での身体運動は、循環器系や筋骨格系の発達、自律神経機能の亢進を促します。また、1日2時間の外あそびが、近視の新たな発症を半分に抑えるという調査結果を報告している地域もあります。

（1）からだへの影響（目・骨格）

　デバイス使用時間の増加と屋外で過ごす時間の著しい減少は、近視を発症させるリスクを高めますが、1日2時間の外あそびは、近視の発症や進行を抑制し、子どもの近視リスクを低下させます。また、長時間のデバイス使用は、姿

勢に影響し、子どもの頭部や頸部屈曲を引き起こす可能性がありますが、外あそびをはじめとする屋外での身体運動は、循環器系や筋骨格系の発達、自律神経の機能の亢進を促します。

1）外あそびは近視を抑制するのか

これまでの調査・研究により、外あそびの時間が増えたことで、近視の子どもたちの数が減ってきた、近視の程度が軽くなってきたことがわかり、外あそびと近視とは密接に関連していることがわかっています。海外の2008年頃の研究でも、近くを見る時間が長くても、外あそびをしっかりしていれば、子どもの近視の程度は軽くなるというデータがあります。

また、近視は、遺伝的な要素が考えられがちなのですが、両親が近視でも、1日2時間以上、外でしっかり遊んでいる子どもは近視になる確率が低く、両親が近視でなくても、外で遊ばない子どもは近視になりやすい、といったデータも出てきています。よって、外あそびの時間が、目の近視の発症の抑制に、非常に大事と考えています。

日本は、他の東・東南アジア諸国と比較すると、近視に対する取り組みが出遅れており、例えば、シンガポールや台湾では、本と目との距離を30センチ以上に保つための指導など、政府主導の近視抑制の施策が行われています。最近では、外あそびの時間を増やすことにも、積極的です。1日60分〜80分くらい、朝の始業時間前や昼休みを長く取る等の工夫をして、子どもたちを遊ばせることで、近視の有病率がぐっと減ったという結果が出てきています。

2）具体的に、外あそびの何が、近視の抑制に有効なのか

外あそびの様々な要素のうち、目には「光環境」が効いていることがわかってきています。その中でも、光の波長、紫外線より少し長い紫色の光である「ウルトラバイオレット」の近視抑制効果に着目しています。ひなたで、陽の光がさんさんとしている場所がベストではありますが、日陰でも十分有効な光が入ってきますし、例えば、室内でも、窓を開けて、窓際で本を読んだり、作業したりすることでも効果があります。

3）外あそびは、目の他にも、子どもたちの自律神経にも影響するか

子どもたちの生活に関する調査を通じていえることは、日本の子どもたちが

抱えている学力・体力・心の問題は、乳幼児期からの睡眠・食事・運動のリズムが崩れて、大脳や自律神経の働きを悪くしていることが影響しているということです。自律神経の働きが低下すると、体温調節や脳内ホルモンの分泌の時間帯が乱れ、オートマチックに身体を守ることができなくなります。そうなると、意欲的な活動がしづらくなったり、勉強に専念できない、イライラする、カーッとなったりといった心の問題にも繋がっていきます。生活習慣とリズムは、小さい時期に整えてあげたいですね。子どもたちには、外で光の刺激を受けながら遊ばせよう、と心がける大人の意識が大事だと思います。

　また、「外あそびをしよう」と言っても、今の子どもたちは、外あそびのレパートリーをあまりもっていませんので、伝承あそびを教えたり、様々なからだの動かし方やノウハウを教えたりという指導者が必要です。外あそびの普及は、指導者養成とセットで行っていかなくてはならないと考えています。

（2）脳への影響（言語の発達・認知能力・実行機能、依存性）

　長時間のデバイス使用により、言語発達の遅れのリスクが上がります。米国小児学会は、2017年の年次学会において、デバイスの利用30分ごとに、表現面での言語発達が遅れるリスクが49％上がるという調査結果を報告しました。

　一方、仲間との外あそびは、五感を最大限に刺激し、仲間への言語表現を通じて言語発達を促します。また、幼児期におけるデバイスの長時間利用は、読解力をはじめとする認知能力の発達を遅らせ、その後の実行機能発達にもネガティブな影響をもたらす可能性があります。

　シンガポールの The Center of Holistic Initiatives for Learning and Development（CHILD）は、認知機能への影響を示すエビデンスから、18か月未満の子どもには受動的なデバイス使用はさせるべきではなく、18～36カ月の子どもでは、親が見ていない中での受動的なデバイス使用は１日１時間未満とすべきであるとしています。一方、ワクワクして熱中する外あそびは、子どもたちのエネルギーをしっかり発散して情緒を安定させ、さらに時間の流れや空間を把握することから、認知能力や実行機能の発達を促します。

　過度、もしくは、病的なインターネット依存には、執着や気分のムラ、耐性

の発達への影響、引きこもり、機能障害など、薬剤依存やギャンブル依存と共通する特徴があります。野外活動、自然体験活動は、ネット依存の克服・治療に有効です。

（3）心への影響（非認知能力、幸福度）

　長時間のデバイス利用は、幼児・児童の社会順応性や行動に問題をもつ可能性があります。中国の研究では、3歳児における比較で、デバイス使用時間が急速に増加したグループは、増加が緩やかなグループに比べて、社会順応性に問題がある割合が3倍多く、行動に問題がある割合が、2.4倍多かったということです。

　一方、ルールのない自由なあそびは、前頭葉の発達を促し、社会適応、学業において重要な感情のコントロールや計画性、問題解決能力を高めます。また、幼少期の運動は、知覚・感情的発達を促すことから、外あそびは、コミュニケーション力や認識力、他者のニーズを理解する力など、社会性の発達にきわめて重要です。

　また、1日2時間以上のデバイス利用時間がある子どもは、人生の満足度や楽観性が低い可能性があり、1日2時間以下のデバイス使用者は、2時間以上のデバイス使用者と比較して、幸福度が高いということも報告されています。さらに、自然や屋外でのレクリエーション活動を行うと、エネルギーの回復、ストレスや不安の解消、幸福度の向上につながり、集中力や効率性が高まります。さらに、運動頻度が多い人ほど、メンタルヘルスが良好な傾向があることもわかっています。

（4）生活習慣への影響（睡眠・栄養・運動）

　長時間のデバイス使用により、睡眠の量や質が低下するため、翌日の覚醒に影響し、注意力が低下します。乳幼児期におけるデバイス使用の習慣は、就学時期以降の行動面での発達や生活習慣にネガティブな影響を与えます。

　一方、太陽光を浴びることで、子どもの体内時計が調整され、睡眠不足が解消されるため、生活リズムの悪循環が改善します。健全な生活リズムと外あそ

びの実践は、大脳や自律神経機能の発達を促し、体調・情緒を安定させます。
栄養面からみると、デバイスの過度な使用は、睡眠や栄養状態にネガティブな
影響をもたらし、健康を脅かすリスクとなり得ます。一方、太陽光に当たるこ
とで生成されるビタミンDは、たんぱく質の働きを活性化し、カルシウム・リ
ンの吸収を促進するため、正常な骨格と歯の発育を促します。

　よって、外あそびには、デジタルデバイスによる負の影響を打ち消す効能が
あると考えています。生活の中で，育ちの旺盛な幼少年期に，外でからだを使
う機会がなくなると，子どもたちは発達しないうちに衰えていきます。便利で
快適な現代生活が，発育期の子どもたちの発達を奪っていきますので，今こそ，
みんなが協力し合って，子どもの心とからだのおかしさに歯止めをかけなけれ
ばなりません。そのためには，まず，子どもの外あそびを大切にしようとする
共通認識をもつことが重要です。
　「戸外での安全なあそびの中で，必死に動こうとする架空の緊急事態が，子
どもたちの交感神経を高め，大脳の働きを良くすること」「あそびの中では，
成功体験だけでなく，失敗体験も，前頭葉の発達には重要であること」「子ど
もたちには，日中にワクワクする集団あそびを奨励し，1日1回は，汗をかく
くらいのダイナミックな外あそびが必要なこと」を忘れないでください。

第3章
感覚あそびを大切にした
運動指導を考える

1. 運動の起こる仕組みから、乳幼児や障がい児の 抱える問題を探ろう

　子どもたちの前で、〇印を見せて、同じように描いてもらう際、きちんと〇印を描けている場合は、外界からの情報の入力（感覚器・知覚神経）、大脳での意識・判断、大脳からの命令による出力（運動神経・筋肉・骨）のいずれも問題なく機能していることになります。

　しかし、〇印がうまく描けなかった場合、子どもに見本の〇印と同じであるか否かを確認し、きちんと、問題点が答えられる場合は、入力や脳も機能には問題はありませんが、出力に問題があることになります。このような子どもに対しては、ゆとりの時間や何回も挑戦可能との指示を与えることで、問題が改善できれば、機能向上の可能性は大いにあると考えます。

　また、子どもに確認しても、問題点がわからない場合は、①入力（感覚器・知覚神経）の問題、または、②脳の問題、あるいは、③入力と脳のあわせた問題のいずれかに疑いをもつことになります。

　以上のことから、身体運動の発現は、外界からの刺激となる情報を、まず、受容器（目・耳・手など）で受け止め、その情報は知覚神経を通って大脳に運ばれていき、大脳ではその情報をしっかり受けとめ、判断し、すべきことを、運動神経を通って筋肉に伝えることで、筋肉が収縮し、付いている骨をいっしょに動かすことによって、運動や行動が生まれていきます。

　そして、思うように運動ができたかどうかという点について、次の刺激の際

にフィードバックされながら、反省・調整していくことで、さらなる良い動き
を作っていきます。

　このように、各過程が大切であり、連携し合うことで、よい動きを作ってい
くメカニズムとなっています。そして、運動スキルを獲得・さらなる向上を期
待するのであれば、子どもの生活リズムを整えてすっきりとしている状態で、
技術練習に向かうようにさせることが重要です。

　2．感覚の大切さと感覚訓練

　子どもたちの中には、感覚に遅れがあったり、鈍麻、過敏になりすぎたりし
ている子どもがいます。そのため、感覚に遅れのある子どもたちには、感覚を
磨くことが大切になってきます。感覚の中でも、手のひらや、手の指、足の裏、
口唇、舌、顔面などの受容器は、情報の入り口として非常に重要です。

　感覚器へ刺激を与えて、受容器としての機能を鍛えるために、日常のあいさ
つにおいて握手をしたり（手のひら）、風を送ったり（皮膚）、ボールプールに
入ったりして、脳や神経への刺激と活性化を図ることで、子どもたちの身体部
分（手・足・ひざ・指など）とその動き（筋肉運動的な動き）を理解する「身
体認識力」が育つようになっていきます。身体認識力がついてくると、鏡の前
で、鏡に映った自分やからだを見ながら、鏡あそびをし始めます。

　そして、しだいに自分のからだと自己を取り巻く空間について知り、からだ
と方向、位置関係（上下・左右・前後・高低など）を理解する「空間認知能力」
が育つようになっていきます。

　3．運動のために必要な保護動作や姿勢維持の
　　　バランス能力の獲得

（1）保護動作の獲得

　「空間認知能力」が育つと、ジャングルジムやすべり台などの遊具で、安全
に遊ぶことができるようになりますが、転倒する可能性も出てきます。転倒時

に、自分のからだを守れるように、「保護動作」を獲得する必要があります。

　なかなか手が前に出ない子どもに対しては、ロールマットに寝転がり、手を前に出した状態で前後に揺らしたり、それでも手が前に出ない場合は、子どもの好きな遊具を前に置いて、前に出した手を遊具に触らせてあげたりすることにより、ケガや事故を防ぐ「保護動作」誘発と獲得の訓練になります。

（2）平衡感覚の獲得

　転ぶ前には、しっかりとした「平衡感覚」を獲得しておく必要があります。そのための方法として、バランスボールの揺れの刺激によって平衡感覚を養ったり、バランスボールの中に立ってキャッチボールを行ったりする訓練が有効です。また、天井から吊るされたロープにタイヤをつけ、そこにうつ伏せとなって揺れることにより、からだの使い方やバランスのとり方を学ぶ方法もあります。

　家庭でも、バスタオルに子どもを乗せ、ブランコのように揺らすことで、子ども自身も揺れの刺激を感じたり、バランス感覚を身につけたりすることに繋がっていきます。

　でんぐり返しや片足とびができない、階段を一段一足の交差パターンで降りられない、小学生になっても片足立ちができない、ブランコで立ちこぎができない、線上を歩いたり、走ったりできない、といった子どもには、重力に対して自分のからだをまっすぐに保つという「立ち直り反射」や「平衡反応」を強化することが重要です。

　また、身体知覚に問題があると、自分の空間的位置をとらえることと、それに応じたからだの動かし方がスムーズに行われないので、高いところや不安定なところを恐がることがあります。そのような子どもには、全身運動を取り入れ、自分のからだの大きさや長さ、幅などがこれくらいという感覚であるボディーイメージをつくらせたり、逆さ感覚を育てたりしながら、恐怖心を取り除くようにします。

　　・高い高い、逆さ感覚をつかませるぐるぐる回し
　　・大玉乗り、ハンモック、不安定な位置に慣れさせるゆりかご運動

・平均台や床に置いたロープに沿っての歩行練習
・鉄棒、ハンモック、トランポリン等を使って、回転したり激しく動いたりした後で、からだのバランスが保てるようにし、立ち直り反射の促進を図ります。
・小さくなって鉄棒の下をくぐったり、物をよけて進んだりするゲーム等を行って、自分のからだの大きさを感じ取らせる働きかけをします。

4．障害別にみた障害の内容と発達や運動の特徴

（1）知的障がい児

　知的障害は、知的発達の遅滞の程度が、意思疎通が困難で、日常生活において支障があり、援助を必要とする子どもたちのことを言います。知的障がい児の発達の大きな特徴は、発達のスピードが健常児と異なることです。身長と体重は、全体的に低く、最も身長の伸びる時期（最伸急期）は、男子で5～6歳、女子で8～9歳と、健常児に比べてとても早い時期に一気に背が伸びます。したがって、この時期に、適切な栄養摂取や運動の機会が必要でしょう。

　また、知的障がい児の運動能力は、健常児に比べて平衡機能の著しい遅れが目立つ一方で、つかんだものはなかなか手放さないというように、筋力面は長けていることがあります。また、通常は、運動によって、笑う、叫ぶ、話すという感情表現を通して、全身の感覚機能が発達していきますが、知的障害の場合、知的に遅れや障害があると、奇声は別として、思い切り感情を出す、例えば、怒りをぶつける、おかしくて大声をだす等の機会が少なく、感情やからだの心肺機能、とくに肺が育っていかず、かたくなになりがちです。

　したがって、大声で笑う、声を出す、叫ぶ、深呼吸すると、リラックスできるようになっていきます。運動には関係ないようですが、「声を出す」ことは、運動指導の第一歩と考えることができます。

（2）聴覚・言語障がい児

　聴覚障がい児とは、聴覚系機能に障害があるために、補聴器を利用しても、

通常の話し声を理解することが不可能か、著しく困難な子どもたちのことを言います。また、言語障がい児とは、コミュニケーションの過程において、言語学的・生理学的レベルの障害や知的障害などの知能、運動障害と付随した障害があり、言語がまったく表出されないか、あるいは不自由で、思うように相手に理解されにくいことがあります。

　したがって、聴覚・言語障害は、耳が聞こえないために話す機会が減り、おのずと言語に障害が起きるという関連がみられます。

　とくに、聞こえの悪い子どもほど、呼吸が浅く、息の調節が下手になってきます。これは、通常、健常者は口の開け方、息を調節しながら音声を発していますが、話すことをしていないと、息を調節する機会が減るため、このようになります。

　聴覚・言語障がい児の体力・運動能力は、平衡能力のうち、その場での静的平衡能力は劣りませんが、動きを伴う動的平衡性は劣るという特徴があります。また、いくつかの動きを組み合わせる協応動作の発達にも遅れがみられるため、音楽に合わせてなめらかに踊るといったリトミックやダンス、あるいは、旗を振って「よーいドン！」というように、旗が振り上げられるのを目で見て確認すると同時に走り出すような動きは苦手です。単に走る、跳ぶという動きはできますが、目と手と足をいっしょに協応させて動かす発達が遅れるため、タイミングをつかむ能力が劣るということです。つまり、子どもたちは、目と耳の両方を使って、外からの情報を受け入れて、動きにつなげているのです。

（3）視覚障がい児

　視覚障害とは、矯正視力が0.3未満を指します。まったく見えない場合は全盲と呼ばれますが、実際には、生まれたときからまったく見えない子どもはほとんどいません。今いる所の明暗や人が通るくらいは、なんとなくわかることが多いようです。

　視覚障がい児は、視覚の欠損によって視覚的刺激が少ないために、行動範囲や身体活動が制限されます。そのような視覚障害による運動能力の特徴をみますと、主に瞬発力や敏捷性、持続力に遅れがみられます。瞬発力は、瞬時に筋

力を発揮する力ですから、目標となるものや方向を目で見定めて動くときに、それが見定められないために、瞬発力を思い切って効率よく発揮できないのです。

　また、敏捷性は、動きが速いだけでなく、その動きに方向転換が加わることを言いますので、これも視覚からの情報をもとに、すばやく判断して、方向転換を加えながら動くという点で、視覚障がい児にとっては力を発揮しづらいものとなっています。

　もう一つ、持久力についてです。これは筋力を発揮し続けたり、動きを継続させたり、繰り返したりするので、視覚障がい児は、持久力に遅れがみられることはないように思われるかもしれません。しかし、軽いジョギングをする状況をイメージしてみてください。景色が次々と移り変わり、新しい景色を見たり、季節の変化に気づいたり、美しい自然が視界に入ったりして、視覚からの情報があることで、体力や集中力、気力を長続きさせることが、さらににできますが、その視覚からの情報がないと、ずっと暗い中で、ひたすら手や足を動かすことになります。せいぜい、自分がイメージする景色を思い浮かべることしかできません。これでは、純粋な忍耐力との勝負となりますので、持続させることは、なかなかハードルの高いものとなります。

　ただ、このような視覚障がい児の運動能力が劣るのは、体力・運動能力が単に劣っているのではなく、今までにあまり外出しない、あるいは思い切りからだを動かすことをしていないために、二次的障害として出てくると考えるのが妥当でしょう。

（4）発達障がい児

　知能に遅れはないけれども、特別な教育的支援を必要とする子どもとして、注目されているLD（学習障害）児、ADHD（注意欠陥／多動性障害）児、高機能自閉症児、アスペルガー症候群の子どもたちは、発達障がい児と呼ばれ、全身運動の不器用さがみられます。

　発達障がい児の特徴として、①全身運動の不器用さ（家具やドアに、からだをよくぶつける、公園の運動遊具で上手に遊べない、動作模倣が苦手など）、

②手の操作の不器用さ、③姿勢の崩れ（姿勢がシャキッとしない、床に寝そべって遊ぶことが多い、落ち着きがない）等が挙げられます。

そのほか、遊戯やリズム体操などでうまくからだがついていかない、キャッチボールやボール蹴り等の運動が苦手である、ジャングルジムに上り下りするが、くぐることが苦手である等です。このような子どもたちは、「感覚統合」に問題がある場合が多く、そのための運動を促すことが有効です。

感覚統合とは、脳が内外からの多くの刺激を有効に利用できるよう、能率的に選択・整理し、組み合わせることを言います。この感覚統合のおかげで、私たちは外界の状況に対して、適切に反応することができます。発達障がい児は、鈍いところはぶつけても痛いと感じず、逆に過敏なところは触れられるだけで非常に痛がったり、逃げていったりします。

このような特徴をふまえ、発達障がい児に有効な指導や支援は、

① 　あらゆる刺激に平等に反応してしまうので、無用な刺激は与えないようにします。

② 　気が散りやすいので、不要なものは置かないようにします。

③ 　メリハリをつけるため、好む活動と苦手な活動の順序で指導を組み立てます。

このほか、感覚系から得た情報を選択・整理し、目的に応じた円滑な動きを向上させる一連の指導「感覚統合訓練（療法）」が行われています。感覚器官の使われやすい順序は、ゆれと関節→触覚→耳→目であるという原則を踏まえて行われれば、効果が得やすくなります。

1）感覚統合に問題のある場合の運動について

手の操作が不器用であったり、からだがグニャグニャしていて、姿勢がしっかり維持できなかったり、床に寝そべって遊ぶことが多いという感覚統合に問題がある子どもの場合には、そのための運動を促すことが必要です。

「感覚統合」の力は、外界の状況に適切に反応することができたり、新たな学習を行う際のやり方を工夫したりすることにも繋がっています。今まで使ったことのない遊具も、たいていの子どもは、誰かに教わらなくても遊び方を自

分で見いだすことができますが、感覚統合に失敗している子どもは、発達・行動・学習に不都合な問題が生じてしまいます。このような時、専門機関において、「感覚統合訓練（療法）」が行われています。

　子どもは、とくに運動あそびにおいて、様々な姿勢や動き、全身運動、手足の複合運動、目と手の協応運動などが自然に繰り返されるため、脳や中枢神経系の機能が高まり、必然的に運動に関する調整力が発達します。このような経験は、粘り強く健康な生活を保持していく態度や習慣、能力をつけていくことに発展していきます。

２）感覚あそびから全身の運動へ

　身体に触れたものに過敏に反応したり、歩いたり、走ったり、跳んだりする動きがぎくしゃくしている、スキップや縄跳びができない、ボール運動が苦手であるといった子どもたちには、身体知覚に問題がある場合が多くみられます。これは、感覚統合に問題のあるということで、触覚、および、からだの向きや傾きを感じ取る感覚器官と、それに応じて、からだを動かす筋肉や関節の連携がスムーズに行われず、自分のからだの動きや方向を把握できなくなっているのです。そのために、からだの動きがぎこちなくなったり、からだ全体を協調させる運動が難しくなったりしています。

　そこで、このような子どもたちには、まず触覚による刺激を促すことが基本となります。触覚受容器への刺激は、脳で処理され、私たちが外界を知るための触覚機能へと高まっていきます。また、刺激に対して、からだを動かすことにより、立ち直り反応が促進され、身体意識の形成が促されます。さらに、触・圧刺激は、情緒の安定にも効果があります。

　次の段階として、からだの動きを意識的に言葉で言わせたり、考えさせたり、見せたりしながら、模倣や自らの活動をさせることが必要となります。そのような日常的な積み重ねが身体意識を養い、全身を使ったスムーズなからだの動きにつながっていきます。

　次に、有効な感覚あそびや運動あそび、活動の一例を示してみます。

① **触・圧刺激を用いたあそびを多くさせます。**

・風や熱（ドライヤー）、水や湯（シャワー）

　風や水の勢いを調節することにより、様々に刺激の強さを変化させ、触感覚を促進します。

・水あそび、ボールプール、砂あそび（砂、泥、ボールの代わりに、紙、スポンジ等）、フィンガーペインティング、粘土などの感覚あそび

・マットレスや布団の上に寝かせ、さすったり、くすぐったりします。

　マットレスや布団の間に、子どもをはさむ、指導者が上から軽く押さえる触・圧刺激を与えます。過敏に反応する子どもには、背臥位よりも腹臥位にして、足のようなからだの抹消部から刺激を与えていきます。抹消の触・圧刺激は、覚醒水準に影響を与えるとともに、快・不快の情動を引き起こします。

② **回転、加速度、揺れ、上下の動きを感じたり、感覚を刺激するようなあそびを多くさせます。**

　これは、前庭感覚、固有感覚の統合に効果があり、からだの立ち直り反応も促進させます。トランポリンや滑り台、傾斜のマットでの転がりあそびも有効です。

③ **遊具に合わせた、いろいろなからだの動かし方を体験させます。**

　平均台やトンネル、はしご、マット等をコース上に配置し、巡回して動くサーキットあそびがあります。

④ **身体知覚を高めるあそびやゲームを取り入れます。**

・ボールのかわりに風船を使って、からだのいろいろな部位で、運んだり、突いたりします。

・ボールの弾みに合わせて、からだを動かします。人のポーズや姿勢の模倣あそびをします。

・音楽に合わせた姿勢の変換あそびをします。リトミックは、有効です。

・各自が背中につけたリボンを取り合って遊びます。

・的あてゲームやボウリングあそび等を取り入れ、ボールの扱い方に慣れさせます。

3）手先の不器用さとの関連

　小さな物を指先でつかめない。閉じた丸が描けない。ボタンがとめられない。これらも、いわゆる感覚統合に問題があるために起こる現象で、目から入る刺激を受け取り、からだの動きへと伝える器官の連携がスムーズに行われないため、細かな運動をコントロールすることが困難になっているのです。

　このようなときは、手指を使うあそびを取り入れて、いろいろな感覚を発達させるような動作の訓練を行うことが必要となります。例えば、指あそびや粘土、積み木あそび、びんのふたの開け閉め、折り紙、はさみを使った活動、買い物の荷物持ち、食器洗い等の活動です。

　ただし、基本的な考え方として、手先が器用になるには、その前提条件として、体幹がしっかりし、肩や肘の動きが滑らかでなければなりません。ですから、手先の不器用さの改善についても、まずは、からだ全体の運動発達を心がけなければなりません。

4）多動に対しての工夫

　落ち着きがなく、目が離せない、手が離せない、短時間に次々とあそびを変える、自分の順番を待てない、着席行動がとれず、活動中に立ち歩く等の多動に対しては、規制だけでは改善は望めません。かといって、決定的な指導法があるわけではありませんので、子どもの様子を見て、次のような活動を選択し、組み合わせて20〜30分行うと、効果的です。

① 　感覚を調整する、ごろごろあそび、マットでの横転、乾布まさつ等
② 　からだのイメージをつくる、椅子くぐり、椅子わたり、ひもまたぎ、ひもくぐり
③ 　合図に合わせて動くというルールを設定しての運動、上体おこし等
④ 　静止する、待つ、寝かせる、バランスボールに乗る等
⑤ 　過緊張をゆるめる、押し・ゆるめる運動や足ゆらし
⑥ 　バランスをとる、片足立ちやつま先歩き、かかと歩き
⑦ 　ゆっくり動く、高ばい
⑧ 　協応運動である、四つばい

⑨　一定のペースで動き続ける、大人といっしょに歩く歩行運動

⑩　用具を上手に使う、足での輪なげ、キャッチボール、ボウリングがあります。

　指導にあたっての配慮事項ですが、あらゆる刺激に対して平等に反応してしまうので、無用の刺激を与えないことが大切です。また、気が散りやすいので、不必要な物は置かないこと。メリハリをつけるため、好む活動と苦手な活動の順序に配慮すること。とくに集中させたい活動は、最後にもっていく。体育館やプレイルームでの活動の場合、自分の居場所がわかるように、フープを置いたり、床にテープを張ったりして、印を与えることが必要です。また、目標達成にあたる姿が見られたら、その場で、すぐ大いに誉めることが大切です。

　多動の子どもは、物事をするのに、行き当たりばったりになる傾向がありますので、好ましい行動が見られたときは大いに誉めることです。さらに、衝動的に行動する前に、これから自分がする行動を、言葉で表現するように習慣づけることで、行動のコントロールがしやすくなります。活動の始まりと、終わりをはっきりと知らせることが求められます。

　なお、指導したことでパニックを起こしかけたときは、その場から遠ざけ、気持ちが落ち着くのを待って静かに話しかけ、落ち着いた後、活動を続けます。その子どもの実態に合わせて、最初は短時間を目標にし、徐々に時間をのばしていくとよいでしょう。

5．体力・運動能力を高めるためには

　障害の有無にかかわらず、体力を向上させるためには、食事と睡眠、活動量を増やした運動が必要となってきます。疲労感をもつ程度の運動が好ましく、それによって得られた効果を、「トレーニング効果」と言います。しかし、一晩の睡眠で疲れが取れないレベルになると、「オーバートレーニング」という過労が重なる状況となり、その結果、度が過ぎると、病気に繋がる可能性があります。つまり、食事・運動・睡眠の生活習慣を整え、活動量を増やして運動することが大切です。

　そして、動作スキルをバランスよく身につけていくと、良い運動パフォーマンスを行えるようになり、それが運動能力の向上に繋がっていきます。運動能力は、体力と運動スキルの総合能力と言えます。そのため、障害のある子どもも、小さい頃から「①移動系運動スキル、②操作系運動スキル、③平衡系運動スキル、④非移動系運動スキル」という4つの運動スキルを偏りなく経験しておくことが大切であり、そのためには運動遊具の利用が効果的です。

　上り下りのできる遊具によって、「①移動系運動スキル」を、動物の口にボールを入れるあそびを通して「②操作系運動スキル」を、平均台あそびによって「③平衡系運動スキル」を、鉄棒やうんてい等のぶらさがりあそびによって「④非移動系運動スキル」を身につけることができます。

6．普段の生活で心がけること

　一日の始まりには、からだをウォーミングアップさせてから、子どもを園や学校に送り出したいものです。早寝・早起きでリズムをつくって、起床とともに体温をだんだん上げていく。朝ごはんを食べて体温を上げて、徒歩通園とか、早めに学校に行ってからだを動かして熱をつくって体温を上げていきます。ウォーミングアップのできた状態（36.5℃）であれば、スムーズに保育活動や授業（集団あそびや勉強）に入っていけます。

　早寝、早起き、朝ごはん、そして、うんちを出してすっきりしてから送り出します。これが子どもの健康とからだづくりの上で、親御さんに心がけていただきたいポイントです。

　また、就寝時刻を早めるためには、「子どもたちの生活の中に、太陽の下での戸外運動を積極的に取り入れること」、とくに、「午後の戸外あそび時間を増やして運動量を増加させ、心地よい疲れを誘発させること」「調理時間の短縮や買い物の効率化などを工夫し、夕食の遅れを少しでも早めること」、そして、「テレビ・ビデオ視聴時間を努めて短くして、ダラダラと遅くまでテレビやビデオを見せないこと」が有効と考えます。ただし、メディアの健康的な利用方法の工夫に力を入れるだけでは、根本的な解決にはなりません。つまり、幼少

年期より、「テレビやビデオ、ゲーム等のおもしろさ」に負けない「人と関わる運動あそびやスポーツごっこの楽しさ」を、子どもたちにしっかり味わわせていかねばなりません。

　子どもの場合、学力や体力に関する問題解決のカギは、①毎日の食事と、②運動量、③交流体験にあると考えますので、まずは、朝食を食べさせて、人と関わる日中のあそびや運動体験をしっかりもたせたいものです。それが、子どもたちの心の中に残る感動体験となるように、指導上の工夫と努力が求められます。

　心とからだの健康のためには、小学校低学年までは午後9時までに、高学年でも午後9時半までには寝かせてあげたいものです。とにかく、就寝時刻が遅いと、いろいろな悪影響が出て、心配です。集中力のなさ、イライラ感の増大とキレやすさの誘発、深夜徘徊、生きる力の基盤である自律神経系の機能低下、意欲のなさ、生活習慣病の早期誘発などを生じます。

　したがって、子どもたちの脳や自律神経がしっかり働くようにするためには、まずは、子どもにとっての基本的な生活習慣を、大人たちが大切にしていくことが基本です。その自律神経の働きを、より高めていくためには、次の3点が大切です。

① 　子どもたちを、室内から戸外に出して、いろいろな環境温度に対する適応力や対応力をつけさせること。

② 　安全なあそび場で、必死に動いたり、対応したりする「人と関わる運動あそび」をしっかり経験させること。つまり、安全ながらも架空の緊急事態の中で、必死感のある運動の経験をさせること。具体的な運動例をあげるならば、鬼ごっこや転がしドッジボール等の楽しく必死に行う集団あそびが有効でしょう。

③ 　運動（筋肉活動）を通して、血液循環が良くなって産熱をしたり（体温を上げる）、汗をかいて放熱したり（体温を下げる）して、体温調節機能を活性化させる刺激が有効です。これが、自律神経のはたらきを良くし、体力を自然と高めていくことにつながっていきます。

　では、日中に運動をしなかったら、体力や生活リズムはどうなるのでしょう。

生活は、一日のサイクルでつながっていますので、生活習慣（生活時間）の一つが悪くなると、他の生活時間もどんどん崩れていきます。逆に、生活習慣（時間）の一つが改善できると、しだいにほかのことも良くなっていきます。

　つまり、日中、太陽の出ている時間帯に、しっかりからだを動かして遊んだり、運動をしたりすると、お腹がすき、夕飯が早くほしいし、心地よく疲れて早めの就寝へと向かいます。早く寝ると、翌朝、早く起きることが可能となり、続いて、朝食の開始や登園時刻も早くなります。朝ごはんをしっかり食べる時間があるため、エネルギーも得て、さらに体温を高めたウォーミングアップした状態で、日中の活動や運動が開始できるようになり、体力も自然と高まる良い循環となります。生活を整え、体力を高めようと思うと、朝の光刺激と、何よりも日中の運動あそびでの切り込みは有効です。あきらめないで、問題改善の目標を一つに絞り、一つずつ改善に向けて取り組んでいきましょう。必ず良くなっていきます。「一点突破、全面改善」を合言葉に、がんばっていきましょう。

幼児の体育・健康づくりトピックス ②

身体表現という観点から幼児体育指導を考える

　幼児体育では、模倣あそびや親子ふれあいあそび、リズムダンスの中に身体表現を礎としたあそびが多くあります。より豊かな、幼児体育指導を実現するために、身体表現の基本的な考え方を理解しておきましょう。

1.「あらわれる（現れる）」と「あらわす（表す）」をとらえる

　身体表現には、本人の意図に関わらず、無意識的に「あらわれる（現れる）」という状態のものと、「あらわす（表す）」行為や行動があります。例えば、子どもが小便を我慢しているときに、足を揺らしたり、からだをくねらしたりするのは、子どものトイレに行きたいけど、行きたくない気持ちが「あらわれている（現れている）」状態です。また、子どもが嘘をついた時に、顔が引き攣ることも「あらわれている（現れている）」状態といえるでしょう。

　一方、「あらわす（表す）」という行為や行動は、本人の意図に関わらず、受け手となる他者の存在があることで成立します。子どもが何かを伝えようとじっと見つめたり、保育者にそっと寄り添ってきたりすることは、ことばにならない本人の思いを身体が「あらわして（表して）」いることになります。

2.コミュニケーションとしての身体表現

　対人コミュニケーションの目的には、正確に情報や観念を相手に伝達し、相手から正確に理解されることを目指す側面と、気持ちや感情、あるいは力動感などの共有が目指される側面[1]があります。

　身体表現は、後者の側面をもったノンバーバル・コミュニケーション（non-verbal communication）です。ノンバーバル・コミュニケーションとは、言語に頼らないコミュニケーションを意味し、その例として頷きやジェスチャー、目線の動きといった動作、握手やハグといった接触行動、相手との距離や間合いといった空間や、時間を意識した行動などが挙げられます。とくに身体表現では、他者の身体の動きに対して模倣的な同調を行い、身体的な共振や共鳴などの身体的感応を通して気持ちの繋がりや共有を、一方または双方が目指します。

　このようなコミュニケーションは、原初的（発達初期の）コミュニケーション[2]

と言われ、話しことばが現れてくる以前の乳児や幼児とその養育者の間のコミュニケーションであり、コミュニケーションの本態であるとも考えられています。

　さらに、コミュニケーションにおける身体の関わりについて、石川ら[3]（2020）は、身体表現活動を好きであることが能受動的にバランスの良いコミュニケーション・スキルの向上に寄与する可能性があることを述べています。そして、音楽表現活動では、受動的および関係調整のコミュニケーション・スキルへ影響があり、造形表現活動が好きであることでコミュニケーション・スキルには関連がないという結果より、活動での身体の関わりが多いほど、コミュニケーション・スキルの向上に寄与する可能性があることを示唆しています。

3．即興性をもって応答すること

　子どもに限らず、日常の中での会話やコミュニケーションは、即興的な応答と思考が多分に含まれています。とくに、子どもたちは、あそびの中で感じたことや考えたことを自分なりに表現して他者との応答を楽しみながら、また、自己制御や自己主張をし、他者を受容して関係調整をしながら成長していきます。

　小川（2004）[4]は、「かごめかごめ」や「あぶくたった」のように循環し、再生する動きがある集団あそびには、応答するリズムと循環するリズムを集団で作り上げていく身体の動きがあり、このような身体の同調や応答は、子どもたちの連帯を生み出す原体験であると述べています。また、伝承あそび、模倣あそび、ふれあいあそびのように、幼児体育指導でも、身体的な応答の繰り返しとても大切です。この繰り返しは、子ども－指導者間では信頼関係を築くことに繋がり、子ども－子ども間では一体感を創出し協働することの楽しさを知ることに繋がることでしょう。

　子どもの行為やあそびは、子どもと指導者の相互作用や環境により瞬時に変化していきます。指導者は、応答するだけでなく、自らが主体的に即興性をもって応答できる力が必要になります。創造力豊かに即興性をもって応答するための感性を育むためにも、日頃から身体で感じて心が動く体験を積み重ねる必要があるでしょう。

　以上のようなことを含めて、身体表現という観点から幼児体育指導を考えると、子どもが身体を介して「あらわれる（現れる）」「あらわす（表す）」気持ちや感情を共有し、同調、共振、共鳴といった身体的感応や応答を即興的に繰り返すこと

で、幼児体育指導は、創造性にあふれたより豊かな活動となるでしょう。

【文献】

1）藤本　学・大坊郁夫：コミュニケーション・スキルに関する諸因子の階層構造への統合の試み，パーソナリティ研究15（3），2007.

2）鯨岡　峻：原始的コミュニケーションの諸相，ミネルヴァ書房，1997.

3）石川基子・古川彩香・吉宇田和泉：芸術表現活動への意識がコミュニケーション・スキルに与える影響：身体表現活動を好きであることに着目して，東京経営短期大学紀要28，pp.1-15，2020.

4）小川博久：音楽教育に携わる人に望むこと，音楽教育実践ジャーナル1（2），日本音楽教育学会，pp.5-7，2004.

各　論

第4章
幼児期のあそび

　今日の日本では、子どもたちの体力低下や肥満増加といった健康問題[1] に加えて、運動不足によるケガや事故のリスク、身体活動量の減少[2] が懸念されています。とくに、子どもたちの生活リズムの乱れが深刻な健康問題[3~6] となっています。適切な運動とあそびの時間を取り入れることで、これらの問題を改善することができます。

1．幼児期の健康づくりとしての運動とあそび

　幼児期の運動とあそびは、子どもたちの成長と発達において重要な役割を果たします。運動は、子どもたちの体力[7] や運動スキル[7] の向上に寄与し、基本的な動作やバランス感覚、空間認知能力を発達させることができます。適切な運動を通じて、体力が向上し、健康なからだを育むことが可能です。公園で遊ぶ、自転車に乗る、ボールで遊ぶ等、具体的な運動経験は、幼児期において重要です。また、幼児期は、感覚と神経系の発達が活発な時期であり、適切な刺激を与えることで、運動神経の発達を促します。

　一方、あそびは、子どもたちの創造力や社会性の発達を支援します。自由なあそびを通じて、自己表現や問題解決能力を培い、自主性や主体性を育むことができます。友だちとの交流や協力を通じて、社会的なスキルをも発達させることができます。ブロックで遊ぶ、お絵かきをする、人形あそびやままごとをする等、幼児期のあそびは、子どもたちの好奇心や探求心を刺激し、学びの基盤をつくる重要な役割を果たします。

　幼児期の運動とあそびは、子どもの成長と発達に多くのメリットをもたらします。適切な運動経験によって、子どもたちの体力が向上し、健康な生活習慣を身につけることができます。また、運動によって発達するバランス感覚や空間認知能力は、日常生活や学習において重要な役割を果たします。同様に、自由なあそびを通じて培われる創造力や問題解決能力は、子どもたちが将来の課題に取り組む際に役立ちます。

2．子どもたちの運動不足が引き起こす問題

　子どもたちの運動不足は、現代の社会で懸念される問題の1つです。とくに、外でのあそび時間の減少[8, 9]やメディア利用時間の増加[10]により、子どもたちの身体活動量が減少しています。この運動不足が引き起こす問題の中でも、空間認知能力と保護動作の未熟化が大きな問題です。

　空間認知能力[7]は、人が周囲の空間や物体との関係を認識し、適切な行動をとる能力を指します。適切な空間認知能力をもつことは、安全に活動するために不可欠です。しかし、運動不足により外での活動時間が減り、代わりにテレビやスマートフォン等のメディアの利用時間が増えると、子どもたちの空間認知能力の発達にネガティブな影響を与える可能性があります。外でのあそび（写真4-1）や運動（写真4-2）を通じて、子どもたちは様々な空間での自由な移動や物体との距離感を経験することができます。これによって、からだ

写真4-1　移動あそび（空間認知能力）

写真4-2　フープとび（空間認知能力）

写真4-3　平均台くぐり（保護動作の獲得）　　写真4-4　手押し車（保護動作の獲得）

の位置や動きを正確に認識し、周囲の状況に応じて適切な行動をとる能力が養われます。

　また、運動不足は、保護動作の未熟化にもつながる可能性があります。保護動作[11]とは、転倒時や衝撃を受けた際に、自己を守るための反射的な動作や反応のことです。適切な保護動作を行うことで、ケガや事故を防ぐことができます。しかし、運動不足により、子どもたちの体力やからだの調整力が低下し、保護動作が不十分になる可能性があります。とくに、乳幼児期における寝返りやハイハイの経験不足の子どもは、転倒時に頭を守るための反射的な行動が制限されることがあります。適切な運動経験（写真4-3、写真4-4）を通じて、子どもたちが保護動作を身につけることは、ケガや事故のリスクを軽減するために重要です。

　子どもたちの運動不足は、空間認知能力と保護動作にネガティブな影響を及ぼす可能性があります。そのため、適切な運動経験や多様な動きの機会を提供することが重要です。子どもたちが外で遊び、からだを動かして運動することで、様々な空間での自由な移動や距離感を経験し、空間認知能力を発達させることが期待されます。また、保護動作を養うためには、乳幼児期から適切な運動経験（写真4-5、写真4-6）を積み重ねる必要があります。

写真4-5　片足乗り降り(保護動作の獲得)　　写真4-6　　からだ揺らし(保護動作の獲得)

3．幼児期における運動とあそびの多様性

　幼児期は、子どもたちが多様な運動とあそびを経験することが重要です。例えば、歩く（写真4-7）ことや走る（写真4-8）ことは、幼児期の基本的な運動です。これらの動作を通じて、子どもたちは、体力や基本的な運動能力を発達させることができます。また、バランスを保つ動き（写真4-9）や敏捷な動き（写真4-10）、巧みな動き（写真4-11）も、幼児期に積極的に取り入れるべきです。これらの動きを通じて、子どもたちは、からだの制御や調整力を養い、運動スキルを向上させることができます。さらに、逆さになったり（写真4-12）、転がったり（写真4-13）、回ったり（写真4-14）する動きも

写真4-7　平均台歩き(平衡性)　　写真4-8　走りとび(瞬発力、リズム感)

写真4-9　からだ支え（平衡性）

写真4-10　オセロあそび（敏捷性）

写真4-11　リズムあそび（巧緻性）

写真4-12　逆さじゃんけん（逆さ感覚）

写真4-13　ゆりかご（揺れる感覚）

写真4-14　手つなぎ回り（回転感覚）

重要です。

　幼児期における適切な運動とあそびの経験は、子どもたちの健全な成長を促すために必要不可欠です。運動経験は、子どもたちが自信をもち、自己肯定感

を高める手段でもあります。したがって、幼児期には、多様な運動とあそびの経験を積み重ねることが重要です。

4．子どもの成長と発達における保護者・保育者・教育者の役割

　保護者や保育者、教育者は、子どもたちに多様な運動やあそびの機会を提供し、子どもたちの成長と発達をサポートする役割を果たすべきです。適度な運動とあそびの時間を確保することで、子どもたちは、健康なからだをつくりながら、創造性や社会性を発揮することができます。幼児期の運動とあそびは、子どもたちの健全な成長において、不可欠な要素として位置づけられます。

　保護者は、子どもたちに対して、適切な運動やあそびの環境を提供することが重要です。例えば、公園でのあそびや自転車に乗る機会を設けることで、子どもたちは様々な空間で自由に動き回り、自己の身体能力を向上させることができます。また、家庭内でもブロックあそびやお絵かき、ままごと等のあそびを通じて、子どもたちの創造性や問題解決能力を育むことができます。保護者は、子どもたちの興味や好みに合わせて運動やあそびを伝承したり、紹介したりすること、また、保護者は、子どものあそびに積極的に参加し、いっしょに遊ぶ（写真4-15、写真4-16）ことやサポートをすることで、子どもたちの成長を促すことができます。

写真4-15　押し合い
（筋力、非移動系運動スキル）

写真4-16　引っ張り合い
（筋力、非移動系運動スキル）

　保育者や教育者は、幼児期の運動とあそびを教育・保育カリキュラムに組み込むことが重要です。保育園や幼稚園、認定こども園などの教育・保育施設では、子どもたちに多様な運動経験やあそびの機会を提供することが求められます。運動やあそびを通じて、子どもたちは、自己表現や協力、問題解決能力を培うことができます。保育者や教育者は、子どもたちの個々の発達段階や興味に合わせた運動プログラム（写真4-17、写真4-18）やあそびの工夫（写真4-19、写真4-20）を行い、子どもたちの成長を支援することが重要です。

　また、安全な環境を整えることやあそびのルールを守ることにも配慮しながら、子どもたちが適切な運動とあそびを楽しめるようにサポートする役割も担っています。

写真4-17　大根ぬきゲーム（筋力、調整力）

写真4-18　縄むすび（協応性、巧緻性）

写真4-19　影踏み
（平衡性、移動系運動スキル）

写真4-20　手つなぎバランス
（平衡性、調整力）

【文献】

1）スポーツ庁：令和4年度全国体力・運動能力、運動習慣等調査結果，https://www.mext.go.jp/sports/b_menu/toukei/kodomo/zencyo/1411922_00004.html（閲覧日：2023年9月19日）.

2）JSPO日本スポーツ協会：子どもの身体活動の意義1，https://www.japan-sports.or.jp/Portals/0/data/supoken/doc/jspo-acp/jspo-acp_chapter1.pdf（閲覧日：2023年9月19日）.

3）松尾瑞穂・前橋　明：沖縄県における幼児の健康福祉に関する研究，運動・健康教育研究16(1)，pp.21-49，2008.

4）前橋　明・泉　秀生：大阪市における幼児の生活実態と課題，幼少児健康教育研究14(1)，pp.35-54，2008.

5）前橋　明・泉　秀生：保育園幼児の生活実態2007の考察，幼少児健康教育研究15(1)，pp.21-31，2009.

6）冬木春子・佐野千夏：母親の就労が幼児の生活習慣に及ぼす影響，日本家政学会誌70(8)，pp.512-521，2019.

7）前橋　明：コンパス 幼児の体育，建帛社，pp.9-12，2017.

8）梶木典子・瀬渡章子・田中智子：都市部の子どもの遊び実態と保護者の意識，日本家政学会誌32(9)，pp.943-951，2002.

9）満処絵里香・前橋　明：新型コロナウイルス感染症状況下における幼児の生活と運動習慣，および、その課題－関西地区に居住する幼児の場合－，レジャー・レクリエーション研究93，pp.11-21，2021.

10）内閣府：令和4年度 青少年のインターネット利用環境実態調査 調査結果（概要），https://www8.cao.go.jp/youth/kankyou/internet_torikumi/tyousa/r04/net-jittai/pdf/kekka_gaiyo.pdf（閲覧日：2023年9月19日）.

11）前橋　明：障がい児の健康づくり支援，大学教育出版，pp.1-7，2023.

第5章
近年の子どもを取り巻くあそび環境の変化と課題

　1955（昭和30）年代から1965（昭和40）年代の頃は、野原や空き地、家のまわりの路地など、子どもたちのあそび場が至るところにありました。また、田んぼや畑、森林などの自然環境が家のまわりに広がっていました。都市部においても、戦争や自然災害によって、建物がなくなった跡地には、一時的に空き地ができ、その場所で、子どもたちは自由に遊ぶことができていました。しかし、時代の流れとともに、大人の利便性が優先され、公共施設や商業施設などの建設が至るところで行われ、都市化が進み、都市部の空き地は、ほとんど見ることがなくなってしまいました。それと同じくして、自動車やバイク等の普及で、交通量が増え、道路で遊ぶことは難しい時代となりました。

　そして、都市化とともに、建物の高層化や近所付き合いというものが薄れていく中で、子どもを巻き込む誘拐や強制わいせつ等の犯罪も増え、子どもたちが安全に遊ぶ場所が限定されてきました。

　近年、安心して遊べる空間であるはずの公園は、大きな声を出してはいけない、ボールを使用してはいけない、木登りはしてはいけない等、数多くの禁止ルールが設けられ、子どもたちは混乱しています[1]。また、もっとも子どもたちの身近なあそび場である公園は、管理予算が少ないことから公園の管理が行き届かず、タバコの吸い殻（写真5-1）やポイ捨てされたゴミ（写真5-2）が放置されたり、雑草が生い茂っていたりしています（写真5-3）。遊具やトイレ等の設備においても、リプレースが追い付かず、経年劣化し、汚れや塗装の剥がれ等がおきる等、問題が山積しています。子どもたちが安全に安心して思いっきりからだを動かして遊ぶ場所が減ることは、外あそびの魅力を知る

写真5-1
園内禁煙の看板前に散乱
するたばこの吸い殻

写真5-2
ゴミが散乱する公園

写真5-3
雑草が野放しにされる公園

機会も減り、子どもたちの体力低下にもつながるのではないかと懸念します。

1. 園庭のない保育所と認定こども園

　1980年代以降、サービス経済化の進展や女性の職業意識の高まり等により女性の社会進出[2] が進み、保育所に入所する子どもたちの数が増加しました。しかし、保育所の整備が追いつかず、就労する保護者が保育所に子どもを預けることができず、待機児童が発生するようになったのです。待機児童問題の始まりです。政府は、待機児童解消を急ぎ、認可保育所の設置基準を緩和しました。

　2001（平成13）年３月の認可保育所に関する基準が緩和され、保育所内に園庭（屋外遊戯場）がなくても、それに代わるべき公園や広場、寺社境内などが保育所の付近にあるのであれば、これを園庭に代えて差し支えないとした[3] ことから、全国的に園庭をもたない園が都市部を中心に急増しました。

　保育所や認定こども園の幼児は、保護者が就労を終えてから迎えに来ることが多いことから、降園時刻が遅く、降園後に外で遊ぶ時間を確保するのは難しいと考えられます。このような幼児は、園庭での午後の外あそび時間が必要とされますが、園庭の代わりに公園を利用している園は、保育者の早番、中番、遅番といった勤務形態、また、園内の清掃、書類業務など、保育者の業務内容が多く、午後に園外に散歩に出かけることは難しい状況にあるのです。このような保育の業務負担の軽減を図らなければ、保育所、認定こども園における午後の外あそび時間を確保していくことは、きわめて難しいといえます。

2．公園利用の問題

　公園の利用においても、問題が起きています。公園を代替えとした保育所が増えた[4] ことで、公園を利用する周辺の住民との間でトラブルが生じています。

　保育所の子どもたちが、元気いっぱいに遊べば、叫び声や泣き声、笑い声などがおきます。その声が周辺住民にとって騒音として捉えられ（写真5‐4）問題となっているのです。また、公園の遊具やベンチ等が過剰に利用されることで、周辺に住む住民が公園を利用できないという問題も起きてきました。

　そして、周辺住民との問題だけでなく、園庭をもたない保育所同士でも、公園利用による混雑や公園の取り合いという問題（写真5‐5）がおきているのです。公園を利用する際には、占領することのないよう、互いにゆずりあって使うことにはなってはいますが、どこの保育所がどの公園を園庭の代替えとして使用するとした割り当てはなく、子どもたちをつれて公園に行ったが、他の保育所の子どもたちが使っていて、しかたなく自園に引き返すといったことがおきているのです。また、公園までの道中には、歩道が整備されていない場所（写真5‐6）や見通しが悪い場所も多くあり、子どもたちの散歩中に、車が突っ込むといった痛ましい事故[5,6] も起きています。

　これらの問題を解決するためには、周辺住民や保育所同士の協力が求められていますが、周辺住民や保育所同士のネットワークをうまくつくることができず、子どもたちは、大人の都合の中で、我慢を強いられ、外あそびをしているのです。

写真5-4
子どもの声がうるさいと
設置された掲示

写真5-5
園庭がない保育所の園児
で混み合う公園

写真5-6
歩道が整備されていない
公園

3. 外あそびが少ない幼稚園児

　幼稚園に通う幼児は、降園時刻が、保育所や認定こども園と比べて早く、外あそびをする時間を確保できる状況であるはずですが、平日は、習い事やきょうだいの送迎、家で過ごすといった幼児の多いこと[7]がわかっています。また、幼児が外あそびをしたいと言っても、親は夕食の準備や洗濯などの家事に追われ、幼児を公園に連れて行くことができていない家庭も多くあります。地方部においては、公園までの移動手段として、車を使用していることが多く、公園に立ち寄る際にも、駐車場が必要であることやチャイルドシートから降ろす等、徒歩や自転車で公園に立ち寄るよりも、手間がかかってしまうことから公園から足が遠のく原因にもなっているようです。

　このような状況があるとはいえ、幼児だけで公園に行くことは、事故や防犯的の側面からも難しく、しかたなく家で過ごす時間が多くなってしまっているのです。親の都合や不便さから、家で過ごす時間が長くなれば、家の中での静的なあそびが増え、とくに、現代社会のメディアに囲まれている生活では、テレビやビデオ視聴、ゲーム等の利用の時間が長くなることは避けられないのではないかと懸念します。このような背景の1つには、子育てが母親だけのワンオペ育児[8]になっているということです。父親が育児に参加し、どちらかが家事をしている間に、一方は、子どもと外あそびをする。そのあとには、家族みんなで会話を楽しみながら夕食を摂り、1日を終える。そんなあたりまえとも言える日常が、現代社会にどれぐらい残っているでしょうか。

　社会が変化し、就労している母親が増えている現代社会において、父親の育児参加は必須であるといえます。国も少しずつ動き始め、父親の育児休業のための支援策として、育児休業期間の延長や育児休業中の給与補償の増額など、育児休業を取りやすくする制度の改善が行われようとしていますが、平日に父親が早くに帰宅し、育児参加ができる制度はなかなか見えてきません。父親が外で働き、母親が家庭を守るといった、日本の子育てに対する考え方は、色濃く残っているのではないでしょうか。今後は、子育てをする親が、幼児の成長に関わる時間を確保できるように、就労時間の見直しや在宅勤務、テレワーク

といった働き方の改革が求められています。

4．休日だけでなく、毎日の外あそびが大切

　休日は、間近でわが子の楽しんでいる様子や成長する姿を見ることができる時間であることから、休日に公園にいっしょに出かけようとする保護者も多いようです。しかし、気をつけなければならないのは、休日に十分に外あそびをしているからといって幼児にとって十分であるかということです。言うまでもありませんが、外あそびをした時間を貯めることは、もちろん分けることはできません。日々の積み重ねが大切なのです。しかし、休日に外あそびを十分にしているためか、幼児と保護者のどちらも、外あそびに満足する傾向にありました。幼児にとって、休日だけの外あそびでは不足であり、食事や睡眠と同じく、毎日の生活の中に外あそびが必要であることの認識の低さが推察できます。幼児の外あそび時間を確保するためには、降園後の園庭開放や外あそびの重要性を伝えるための情報発信など、外あそび推進の取り組みが必要といえます。

5．公園にもとめられる設備と整備

　幼児が、公園で一番よくするあそびは、遊具を使ったあそびです。公園の遊具でのあそびは、子どもたちの身体運動を促し、身体調整力を養ったり、協調性や社交性を身につけたりする大切なものです。一方で、遊具は設置場所や形状、素材、安全性などについて十分な注意が必要です。不適切な遊具は子どもたちにケガを負わせる恐れがあるため、設置前に適切な検査や定期的な点検や修繕が必要なのです。

　公園にある遊具は、安全に管理されていると思われがちですが、国土交通省の「都市公園における遊具の安全管理に関する調査9)」によると、設置後20年以上経過した遊具は49.7％、経過年数が不明な遊具が11.6％で、合計すると、改善・修理の必要な遊具は約61.3％以上あると報告されています。日本公園施設業協会6) では、遊具の標準使用期間は、適切に維持管理される条件下にお

いて、構造部材が鉄製の場合には15年、木製の場合には10年を目安として設定しています。

　これを参考に、国土交通省都市局公園緑地・景観課の都市公園における遊具の安全確保に関する指針　（改訂第2版）[10] では、標準使用期間を超えた遊具について、遊具の使用材料や部位、構造、利用状況、気象条件、立地条件、管理方法によって、劣化の進行状況が異なるものであることから、直ちに撤去する必要はありませんが、その期間に相応する劣化が進んでいるものと推定されるため、当該遊具の状態や設置期間、過去の維持管理の履歴などを踏まえ、遊具の更新の具体的な対応を早期に検討する必要があるとしています。

　このように、遊具を安全に使用できる期間に関して指針があるにもかかわらず、標準使用期間の表記や点検した表記の義務はなされていないのです。そのため、公園の遊具によっては、いつ点検が行われたものかわからない遊具（写真5-7）が多く見られます。

　日本公園施設業協会は、1998年から公園の安心・安全を証明するための検査マーク「SP／SPLマーク[11]」を設けています。SPマークは、おもに遊具、SPLマークは、遊具以外の一般施設（ベンチやサイン等の公園施設）の安全を証明したもので、認定されるまでに「設計」「製造」「設置」の各工程において、安全基準を厳しく定め、すべての審査でクリアした企業（遊具）だけが検査マークを表示できるような仕組みになっています。

　また、SPマークが表示されている遊具なら、事故に対しての賠償も認めています。定期点検においても、協会の「SP表示認定企業」に委託した場合、劣化に関して健全であり、かつ「JPFA-SP-S:2014」に関して適合していると認められた遊具には「SP点検

写真5-7
いつ点検されたかわからない表示

済シール」を貼付していますが、貼付は公園管理者の任意となっています。

（1）遊具点検の問題

　遊具の定期点検を行う業者は様々あり、点検済であることが表記されていないこと多く、表示されていないことで点検がないがしろにされ、錆びや破損、塗装の剥がれが見られる遊具（写真5‐8、写真5‐9）も多く見られます。このようなことを防ぐためにも点検済であることをシールや看板などで可視化することは、子どもたちの安全を守るためには必要であると考えます。

　また、公園遊具でよく目にする遊具安全利用表示のシールですが、あくまで安全に遊ぶための適正年齢の表示と注意喚起のためのものであり、点検とは無関係であることもわかっています。

写真5‐8
接続部分が劣化し錆びつく遊具

写真5‐9
基礎が露出してしまっている遊具

　このように、点検に関する表記に取り決めがなされていないため、利用する子どもや保護者が勘違いすることも考えられます。

　そして、遊具だけではありません。公園利用促進には、鬼ごっこやボールあそび等のあそびができるよう、走り回れる広場やボールが飛び出ないような公園を取り囲むフェンスの設置も必要です。

（2）砂場の問題

　砂場を管理する上で問題となるのが、猫による糞尿被害です。その背景には、飼い主の放し飼いや野良猫への餌付けがあげられます。被害を受けないよう、公園のほとんどの砂場に猫が入り混まないように囲いの柵が設置してありま

が、柵設置のための経費も安くないため、柵がなく糞尿被害に困る砂場も少なくありません。飼い猫の場合、その所有者は動物愛護管理法 7 条に定められた「動物の所有者又は占有者の責務」を負っており、適正な飼育を行う努力義務が課されています。適正な飼育とは「屋内飼育に努めること」を指しており、もし屋内飼育を行っていない場合は、周辺環境への被害防止措置、そして繁殖制限措置を行うことが求められます。[12] しかし、外を自由に歩き回る猫の姿はつきることはありません。野放しにされる猫は事故に巻き込まれたり、食事ができなかったりと人の身勝手で危険にさらされています。砂場の糞尿被害を減らすためにも、猫の命を守るためにも、放し飼いは禁止し猫に首輪をつけて飼い主を明確化していくことや、飼い主が特定できないペットは保護する等の方策が必要だと考えられます。

（3）問い合わせシステムの問題

　ゴミが散らかっている、遊具が汚れている、不審な人がいる等の公園に関する問い合わせは、なぜかほとんどが管理者に電話をするようになっています。しかし電話で問い合わせするのはハードルが高いといえます。「そのうち管理者が気づくだろう」「誰かが連絡してくれるだろう」と問題がないがしろにされ、何も解決されないまま月日が流れていくことはよくあることです。そして大きな問題や事件が起きると対策がなされます。このようなことを未然に防ぐためにも、些細なことでも連絡できるシステムづくりが必要です。問い合わせは電話だけでなく、メールやQRコードを利用した問い合わせフォームなどを使い、利用者が意見を言いやすい環境を整えることが必要です。また公園の管理にも役立ちます。利用者から破損や問題点の写真を添付してもらえば、管理者がすぐに現状確認することもできます。そして改善した内容を公開することも大切です。公園管理は管理者だけがするものではなく、利用者と力を合わせてつくっていくことが大切だといえます。

6．子どものことを考えた公園管理

　保護者が幼児をつれて行く公園には、遊具の充実さだけでなく、トイレの清潔感が保たれ、園内の清掃がなされていることが重要です。定期清掃がなされていても、タバコの吸殻やアルコールの空き缶などのゴミ、ペットの糞などが園内にあれば、様々なものに興味をもち、触ってしまう幼児の特性を考えると、そのような場所で遊ぶことは保護者としては避けたいものです。

　幼児の場合、外あそびをしていて、突然、トイレに行きたいと言うことも多くあるのではないでしょうか。しかし、連れていったトイレが汚れていたり、悪臭がしたりする（写真5-10）等、不衛生である（写真5-11）ことは、本人だけでなく保護者としても使用を避けたいものです。また、オムツ換え台が汚れていては、乳児を寝かせてオムツを交換しようにも抵抗があるものです。

　子どもだけではありません。保護者がトイレを利用したいとなれば、トイレ用ベビーチェアが設置されていなければ（写真5-12）、幼児を1人トイレの外において行くわけにはいかず、抱き抱えながら、トイレを利用するしかないのです。このことから公園のトイレは、設置されてはいますが、一番利用が想定できる、子どもやその保護者が利用しやすいように整備がされているとは考えにくいです。幼児が使いやすい子ども用トイレや子どもの背丈に合わせた手洗い場なども設け、トイレを利用する人々が気持ちよく利用できるような整備が必要であるといえます。

写真5-10
外まで尿臭がする経年劣化したトイレ

写真5-11
経年劣化で、薄暗く不衛生なトイレ

このように、公園の清掃や整備の管理が行き届かないのには、以下のことが考えられます。1つ目は、予算不足です。公園の管理に必要な予算が不足しているため、清掃員の人数や設備のメンテナンス、ゴミ収集や処理のための設備などが不十分で、清掃や整備が適切に行えていないのです。

2つ目は、人手不足です。公園の数と広さに対して、清掃員が不足しているため、公園全体の清掃に必要な時間や作業量が増え、清

写真5−12
ベビーチェアが設置されていないトイレ

掃が追いついていないのです。3つ目は、公園利用者のマナーです。公園の利用者がゴミをポイ捨てしたり、飲食物を散らかしたり、間違った使い方をして破損させたり等、管理が追いつかないほど、問題が山積しているのです。

このような問題を解決するためにも、公園管理者には、幼児を安心して遊ばせることのできる公園の整備と衛生管理を維持するための予算の見直しを早急に検討してもらいたいものです。また、公園利用者には、マナーを守るように注意喚起する取り組みや、ゴミ箱の設置場所や数の見直し等も重要といえます。

7．子どもが集う公園の工夫

（1）水路を使ったあそび場

外気温が30度を越える真夏日には、外あそびをするにも熱中症の心配もあります。しかし室内で過ごす時間が長くなり、テレビやゲームをしたりする時間が多くなるのは避けたいものです。家庭用のビニールプールも市販されていますが、置場所や排水の問題などから限りがあるのが現状です。気軽に水あそびができる場所が身近にあれば、毎日でも足を運びたいものです。

水路をつかったあそび場（写真5−13）では、休日はもちろん、平日に短時間だけ涼みにと足を運ぶ親子も多く見られます。幼児は、水に足やおしりをつけたり、水鉄砲や浮き輪などで遊んだりする姿が見られます。また、幼児だけ

写真5-13　水路をつかったあそび場　　写真5-14　汚れを落とすシャワー

でなく、小学生から高校生まで誰でも遊ぶことができます。小学生は手や水鉄砲で水を掛け合いながら追いかけっこをしています。水あそび場の水位は15cm程度で、緩やかに流されるよう設定がされており、定期的に水を抜き水路底についた苔や汚れをとる清掃が行われています。水は川の水をろ過し水路へと流しており大きな不純物は取り除かれています。また、水路周辺は早朝に定期清掃が行われ、ごみや危険物、破損個所がないか点検が行われています。

　遊んだ後に汚れを落とす水道やシャワー（写真5-14）も設置されています。プールや海となれば、使用料や時間がかかり気軽に足を運ぶことができない一方で、水路を活用した遊び場は有効的であると言えます。

（2）昆虫採集ができる環境づくり

　セミの鳴き声が聞こえてくると、虫取りアミと虫取りカゴを手に昆虫採集する子どもを目にします。自然豊かな山や川に行けばよいのですが、行くとなれば、時間やお金もかかり、気軽に行ける場所ではありません。近くの公園で自然体験ができれば、子どもたちの自然への興味や感心も高まります。

　昆虫が住みやすい環境づくり（写真5-15）では、間伐した枯れ木を置き、集めた落ち葉を積み上げて昆虫が集まるように工夫しています。昆虫が集まれば、それを補食する鳥も集まってきます。昆虫が住みやすい環境づくりを行うことで、公園内にはセミやバッタ、カマキリ、テントウムシなど多くの昆虫が見られるようになり、ムクドリやヒヨドリ等の野鳥も多くみられるようになっ

写真5-15
昆虫が住みやすい環境づくり

写真5-16　昆虫を観察する子ども

ています。身近な公園で昆虫採集ができれば、昆虫の色や形、動き等を観察して昆虫の生態を知る（写真5-16）ことができ、子どもにとって命について知る、とても大切な時間となるでしょう。

（3）自然を楽しむ環境づくり

　秋になると枯れ葉が地面いっぱいに積み重なり、その上を歩けば音がします。落ち葉やドングリ、松ぼっくり等、自然がつくりだすものは様々な形や大きさがあり、子どもたちにとっては触れるだけでも楽しいものです。そしてそれは、植樹する樹木によって紅葉や落ち葉、木の実など四季が変わるごとに違った景色を見ることができます。

　落ち葉拾いなどで自然に触れることは、子どもたちの感覚を刺激する効果があります。目で見る（視覚）、手で触る（触覚）、匂いを嗅ぐ（嗅覚）、音を聞く（聴覚）を体感しながら子どもたちはあらゆることに好奇心を持ち、試行錯誤することで想像力を育んでいきます。また、自然物を探索する動きは身体的にも効果があります。歩く、しゃがむ、拾う等して自然の中で動き回り、落ち葉やどんぐりなどを拾い集めることは体力づくりにもなるでしょう。

　自然に触れやすい、桜、松（松ぼっくり）、けやき、コナラやクヌギ（どんぐり）、笹などを公園に植栽（写真5-17）することは、子どもが遊びで使える自然物を多く見つけることができ自然の中で遊ぶことも増えるでしょう。しかし、植栽する際には注意も必要です。子どもたちが安全に遊ぶために、トゲ

写真5-17　自然の中のあそび場

写真5-18
落ち葉の陰に隠れる虫を探す幼児

や毒のある植物は排除することや、枯れ木に乗ったり、ぶら下がったりして不意に折れて落ちたり、折れた木が刺さったり等の事故につながらないよう定期的な管理が必要です。

（4）自転車貸し出しサービス

　自転車に興味をもち始める3歳頃の発育は著しく、自転車購入のタイミングは親の悩みの1つです。自転車のサドルの高さを変えて試みるも、その限界はすぐに来てしまい買い替えとなってしまいます。このような背景から子どもが乗りたいという気持ちを押さえ、もう少し大きくなってからと購入のタイミングを引き延ばす親は少なくありません。

　自転車貸し出しサービス（写真5-19）では、公園の敷地内に専用のコースをつくり、幼児を対象に自転車の貸し出しサービス（写真5-20）をしています。

　貸し出しに使用される自転車はリユースされたもので、タイヤサイズが12インチから20インチのものが準備されており、形状や色も様々です。ブレーキや空気圧、破損個所の修繕などは管理者より整備されています。また乗車する際にはヘルメットの着用を義務づけ、自転車の貸し出しに合わせてヘルメットも貸し出しを行っています。貸し出し用ヘルメットも幼児用XSサイズからLサイズまであり子どもの頭部サイズに合わせて選択ができます。

写真5-19　貸し出し用自転車

写真5-20
自転車を借りに来る親子づれ

写真5-21
貸し出し用三輪車と四輪車

写真5-22
３歳未満児用のあそびスペース

　３歳未満児には、三輪車、四輪車の貸し出し（写真5-21）を行っており、専用のスペース（写真5-22）があります。遊ぶ場所も限定されており、3歳未満児とその親だけが入ることができるエリアになっています。エリアを限定して遊べることで、３歳以上児との衝突やトラブルを避けることができます。また同年代との交流もあり、３歳未満児にとってゆったりと安心して遊べる環境であると考えられます。また専用スペースは夏には幼児用のジャブジャブ池（水遊び場所）になり、季節に合わせて有効活用されています。自転車同様に使用できる期間に限りがあることや、マンション住まいで置場所に困る保護者にとって、自転車、三輪車や四輪車の貸し出しはありがたいサービスです。

【文献】

1）読売新聞オンライン,公園も大声禁止、遊び場を追われる子どもたち, 2017, https:// www.yomiuri.co.jp/fukayomi/20170706-OYT8T50017/（閲覧日：2023年3月1日）

2）内閣府：第2節　少子化の原因の背景, 2023, https://www8.cao.go.jp/shoushi/ shoushika/whitepaper/measures/w2004/html_h/html/g1221010.html（閲覧日：2023年 5月1日）

3）厚生労働省：待機児童解消に向けた児童福祉施設最低基準に係る留意事項等について、 平成13年3月30日、雇児保第11号　各都道府県・各指定都市・各中核市民生主管部(局)長あ て、厚生労働省雇用均等・児童家庭局保育課長通知,2001.

4）毎日新聞：園庭ない保育所3割　政令市と東京23区毎日新聞調査2020, https:// mainichi.jp/articles/20200409/ddm/012/040/031000c（閲覧日：2023年3月1日）

5）朝日新聞：保育園児らの列に車突っ込む, 2023, https://www.asahi.com/articles/ ASMCC41MJMCCUTIL01F.html（閲覧日：2023年3月1日）

6）日本経済新聞：園児列に車突っ込む、2人死亡, 2023, https://www.nikkei.com/article /DGXMZO44511120Y9A500C1AC1000/（閲覧日：2023年3月1日）

7）廣瀬　団・前橋　明：近年の幼児の公園利用に関する保護者の意識, レジャー・レク リエーション研究99, pp.,2023.（投稿中）

8）藤田結子：ワンオペ育児の現状, 子どもの文化51（7）, pp.73-81, 2019.

9）国土交通省：都市公園における遊具等の安全管理に関する調査, 2022.

10）国土交通省：都市公園における遊具の安全確保に関する指針（改訂第2版）, 2014.

11）日本公園施設業協会HP, https://www.jpfa.or.jp/（閲覧日：2023年3月1日）, 2023.

12）環境省：ねこの適正な飼養管理を推進するために（飼養動物との共生推進総合モデル事 業報告書, 2005.

13）前橋　明：子どもの健康福祉指導ガイド2, 大学教育出版, pp.40-58, 2017.

14）廣瀬　団・塚本亮太・石井浩子・藤田倫子・若林仁子・板口真吾・野村卓哉・前橋 明：子どもの健全な成長のための外あそび推進活動報告―（1）公園利用の促進―, レ ジャー・レクリエーション研究98, pp.136-139, 2022.

第6章
運動あそびとからだと心

　今から20年前には存在しなかった商品や環境の出現で、子どもを取り巻く生活環境も大きく様変わりしました。小さな画面の世界で何時間も過ごす子ども、蛇口をひねられない子ども、和式トイレがうまく使えない子ども、雑巾を絞れない子どもと、様々です。

　「便利な世の中になったのだから、そんな動作をわざわざ習得する必要ないのでは？」と言う人もいるかもしれません。確かに、手を差し出せば、出てくる水、立てば蓋まで開けてくれる洋式トイレ、お掃除ロボットが代わりにそれらの動作を行ってくれるので、生活に困ることはないかもしれません。

　しかし、一生つきあう自分自身の【からだ】は、いったい誰が育ててくれるのでしょうか？

　親でしょうか？　お金で買えるのでしょうか？　いいえ。答えはNOです。自分のからだは、自分自身で動かすことでしか、育てていくことができないのです。

1．幼児期の運動あそび経験が、小学校体育を楽しめる力となる

　6歳までの運動経験が、その子のからだづくりの基盤になると言われています。「運動をしましょう」「からだづくりをしましょう」と言われていますが、それは何のための運動になるのでしょうか？　跳び箱が跳べるようになる。逆上がりができるようになる。かけっこが速くなる。それも、一つの目標設定と

してはよいのかもしれません。しかし、それよりも大切なこと、それは、幼児期の運動は、からだづくりの基盤になるということなのです。

　その運動は、成果主義のものではなく、あそびから派生した活動であることが望ましいと考えられます。幼児期に身につけたい基本運動、①からだのバランスをとる動き、②からだを移動する動き、③用具を操作する動き（文部科学省の指針より）1) を基本としながら、様々な動きを楽しむことで、からだを動かす楽しさを体験することが望まれます。子どもは、友だちといっしょに、遊ぶことが大好きです。興味をもったおもしろいことには、夢中になって何度でも取り組むことができるのです。幼児期に運動あそびの楽しさを経験することは、からだづくりを促すことだけなく、運動への苦手意識も少なくなり、小学校体育に対しても楽しみながら取り組める運動能力の素地が養われると考えています。

2．授業に向き合う体力

　小学校へ行ったら、45分間イスに座って授業を受けます。最近では、背もたれに寄りかかったり、すぐに机にうつ伏せになったりと、きちんとイスに座っていられない子どもが多いと言われます。イスに座り続けるのも自分のからだを支える力、体幹の働きが大きく関係しています。授業を受けるにも、体力がなければ、集中して授業を受けることが難しいと言えます。就学前から読み書きの練習や準備をする子どもは多いのに、授業に向かう体力や姿勢を意識しないのは、もったいないように感じます。運動あそびで育まれたからだは、いろいろな活動を支えてくれる大きな財産となりうるのです。

3．将来の自分への贈り物

　「将来の自分への贈り物」と言うと、少し大げさに聞こえるかもしれません。しかし、丈夫で健康なからだほど、貴重なものはありません。子どもの頃に運動習慣があった人は、大人になっても運動に対する興味・関心が高く、運動を

始めやすいと言われています。それゆえ大人になっても運動する率は、子どものころに運動習慣がなかった人の８倍[2]だとも言われています。また、子どもの頃の運動量が、生涯にわたって決定する骨密度の要因となるとも言われています。つまり「子どものころに、どれだけ運動したか」がその人の骨密度に深く関係していることになるのです。つまり、子どもの頃の運動は、今だけでなく未来の自分へのからだづくりの基本となるのです。

　同じように【心】も、自分で体験しなければ、育てていくことができません。運動あそびの活動を通して、子どもたちは嬉しい・悔しい・楽しい・悲しい等の、心が動かされる経験をしていきます。最近の指導現場で見かける子どもの中に、自分に自信がもてない子、失敗を恐れる子、負けを認められない子どもを目にすることが増えてきました。その子たちが発する言葉は、「難しそうだから、やりたくない」「できないから、無理」「負けるから、やらない」と、最初から完璧を求め、諦めている様子です。失敗の体験は宝です。自分のできなかったことが、自分の努力や工夫でできるようになっていく。その実体験は何ものにも代えられない、素晴らしい経験という財産になっていくのです。

4．失敗に慣れていない子

　レッスンで、「今はお手本さんがする番だから、○○ちゃんは、行かないよ」とみんなの前で、間違えを指摘したところ、怒られたと思って、突然泣き出してしまいました。別の園では、失敗をした途端、「もう、しない」と、その場から離れてしまう子がいました。２人の子どもたちに共通して言えることは、小さな間違えや失敗を極端に怖がる、恥ずかしがる傾向にあることでした。彼ら２人に限らず、最近の子どもは、最初から完璧を求めたり、失敗した自分を必要以上に否定しまう傾向があるように感じています。あまり怒られ慣れていない子どもは、些細な指摘を『怒られた』と捉えて、ショックを受けてしまう子どももいるほどです。失敗や怒られたりする経験は、本人にとっては嬉しいことではありませんが、それらの経験から学ぶことは大きく、困難を乗り越える力（＝レジリエンス）になっていくのです。「最初から上手にできなくって

いいんだよ。たくさん失敗していいんだよ」いつも子どもたちに伝えている言葉のひとつです。だから、子どもたちには、運動あそびを通して、たくさんの失敗を経験してもらいたいと考えています。

5．小さな「できた！」が心を育てる

　あなたは自分が好きですか？内閣府が13歳から29歳までの若者に対して、自分自身に満足しているかを問うアンケートにおいて、欧米諸国では80％ちかくの若者が「そう思う」または「どちらかといえばそう思う」と回答したのに対して、日本の若者は、約45％にとどまるという結果になりました（「令和元年度版　子供・若者白書」より）。[3] 以前より、日本人の自己肯定感の低さを耳にすることはあっても、欧米諸国と比べて、こんなにも差があることに驚きを隠せませんでした。私たち大人でも、自分に自信をもてずに、不安に思うことがあるように、子どもも「自分に自信をもちましょう」と言われたところで、どのように、自分に自信をもったらいいのか不安にもなることでしょう。

　自信をもつことは、小さな成功体験の積み重ねによるものだと思っています。走れた、跳べた、できた、勝った！等、運動は多くの「できた！」の成功体験を積み上げやすい活動だと感じています。できなかったことができたときの、子どもの表情は、嬉しさと満足感で、輝いています。小さな成功体験から自信をもち始め、運動に限らず、いろいろなことに挑戦することができるようになった子どもたちを、現場でたくさん見てきました。子どもには、運動あそびの経験が、自分に自信をもち、自分を好きになるきっかけとなってくれたらと思っています。

【文献】
1）文部科学省：運動指針，4幼児期の運動の在り方，https://www.mext.go.jp/a_menu/sports/undousisin/1319771.htm（閲覧日：2023年10月5日）.
2）田崎　篤：子どもの健全な成長のためのスポーツのすすめ　スポーツをする子どもの父母に伝えたいこと，岩崎書店，pp18-26，2020.
3）内閣府：令和元年度版子供・若者白書　特集1,日本の若者意識の現状〜国際比較からみ

えてくるもの〜　https://www8.cao.go.jp/youth/whitepaper/r01gaiyou/s0_1.html（閲
覧日：2023年10月 5 日）.

第7章
幼児体育と小学校体育の
円滑な接続のために

1. 幼児期・児童期の子どもたちの体力の現状と課題

　2017 (平成29) 年、文部科学省から出された現行の学習指導要領[1]の中では、児童の体力・運動能力について、低下傾向には歯止めがかかっているものの、体力水準が高かった1985 (昭和60) 年頃と比較すると、依然として低い状況であることが課題として指摘されました。

　体力・運動能力低下の要因として、身体活動量・運動量の減少と基本動作の未習得[2]や、サンマ（時間・空間・仲間）の減少[3]が挙げられています。さらに、スポーツ庁[4]による小学生の体力・運動能力調査（令和4年度）結果によると、2019 (令和元) 年度調査と比べ、体力合計点が小学生の男女ともに低下していることが報告されました。

　低下の主な要因としては、①1週間の総運動時間が420分以上の児童生徒の割合は、増加しているものの、以前の水準には至っていないこと、②肥満である児童の増加、③朝食欠食、睡眠不足、スクリーンタイム増加などの生活習慣の変化や新型コロナウイルス感染症の影響により、マスク中の激しい運動の自粛などが挙げられており、子どもたちの体力・運動能力低下の問題は、日本の子どもたちの深刻な問題であると言えます。

　では、体力・運動能力低下の問題を抱える児童期以前、つまり小学校に入学する前の幼児期の子どもたちの身体活動状況は、どうでしょうか。2012 (平成24) 年に策定された幼児期運動指針[5]では、現代の幼児期における子どもたちのからだを動かすことやあそびについて、①活発にからだを動かす機会が減っ

ている、②からだの操作が未熟な幼児が増えている、③自発的な運動の機会が
減っている、④からだを動かす機会が少なくなっていることの4つを問題点と
してあげています。これらは、児童期の子どもたちが抱える課題と共通する部
分が多くあります。

　つまり、児童期の子どもたちが抱えている・抱えさせられている体力・運動
能力低下の問題は、幼児期からすでに、その一端が始まっていると言えるので
はないでしょうか。一方で、スポーツ庁[6]による体力・運動能力調査（平成
28年度）結果の分析（幼児期の外あそびと小学生の運動習慣・体力との関係）
によると、男女ともに入学前に外あそびをしていた頻度が多い子どもほど、体
力テストの合計点が高くなることがわかっています。入学前に週6日以上外あ
そびをしていた子どもと、週1日以下の子どもとでは、10歳男子で5点、女
子で8点程度の大きな差が出る結果となりました。幼少期から運動する習慣が
ある子どもは、体力・運動能力ともに高い傾向にあると言えます。つまり、子
どもたちの体力・運動能力低下の問題を解決するためには、児童期の子どもた
ちに対する解決策を考えることはもちろんのこと、幼児期から子どもたちの健
全育成に必要な望ましい運動習慣を身につけさせてあげることが求められると
言えるでしょう。

　これらのことを踏まえると、幼稚園・保育園・こども園・小学校（とくに、
低学年）で、運動や体育を指導する指導者は、幼児期・児童期それぞれの子ど
もたちの育ちや学び、課題を別々のものとして考えるのではなく、幼児期から
児童期までを一体として捉え、繋がりを意識した連続性のある指導をすること
が重要と言えます。

2. 幼児期・児童期の子どもたちの運動指導に携わる　　指導者に求められること

（1）幼児期の教育と小学校期の教育の特徴の把握

　幼児期・児童期の運動指導に携わる指導者が知っておくべきこととして、幼
児期の教育と小学校期の教育の特徴（違い）[7]が挙げられます（表7-1）。幼

児期の教育の特質は、「環境を通して行う教育」を基本としており、あそびを通しての指導を中心として幼稚園教育要領・保育所保育指針に示すねらいが総合的に達成されるようにする点にあります。幼児期の子どもたちにとって「あそび」は、重要な学習であると捉え、「あそびを通して学ぶ」教育が展開されることが大きな特徴です。

　一方、小学校期の教育の特質は、表7-1の教育の目標で示すように、「～できるようにする」といった目標への到達度を重視し、教科としての学問の体系を重視する点にあります。教科の目標や内容に沿って選択された教材によって教育が展開されることが、幼児期の教育や保育とは大きく異なる点と言えます。

　それらを踏まえた上で、小学校学習指導要領（平成29年度告示）に定められる体育科の運動領域[1]（表7-2）をみますと、小学校低学年（1・2年生）では、運動領域を「体つくりの運動あそび」「器械・器具を使っての運動あそび」「走・跳の運動あそび」「水あそび」「ゲーム」「表現リズムあそび」としており、「あそび」の要素が強調されていることがわかります。これは、小学校低学年の段階では、「あそびを通して学ぶ」ことを基本とする幼児期の教育との接続・連携が、体育科の指導においても求められていることを意味しています。そのことを、幼児期・児童期（とくに低学年）の運動指導に携わるすべての指導者は、熟知しておく必要があります。

表7-1　幼稚園・小学校教育の特徴（違い）

教育機関	幼稚園	小学校
教育のねらい・目標	方向目標 （「～味わう」「感じる」等の方向づけを重視）	到達目標 （「～できるようにする」といった目標への到達度を重視）
教育課程	経験カリキュラム （一人ひとりの生活や経験を重視）	教科カリキュラム （学問の体系を重視）
教育の方法など	個人・友だち・小集団 「あそび」を通じた総合的な指導教師が環境を通じて幼児の活動を方向づける。	学級・学年 教科等の目標・内容に沿って選択された教材によって教育が展開される。

表7-2　小学校学習指導要領（体育科）の運動領域

学年	1・2	3・4	5・6
領 域	体つくりの運動あそび	体つくり運動	
	器械・器具を使っての運動あそび	器械運動	
	走・跳の運動あそび	走・跳の運動	陸上運動
	水あそび	水泳運動	
	ゲーム		ボール運動
	表現リズムあそび	表現運動	
		保健	

（2）幼児期の指導者の心構え

　小学校体育科では、「～できるようにする」といった目標への到達度を重視する教育が行われます。小学校に入学する前は、「あそびを通して学ぶ」中で、味わったり、感じたりする経験を重視する教育を受けていた子どもたちからすると、この大きな変化によって、子どもたちの運動嫌い・体育嫌いを生んでしまう可能性が潜んでいることに、指導者は十分留意する必要があります。

　そのことを理解した上で、幼児期の運動指導に携わる指導者には、幼児期の学びと小学校体育科での学びの接続が円滑になり、小学校体育科における各運動領域の運動技能を子どもたちがスムーズに獲得していくことができるよう、運動の基礎を培う指導が求められます。具体的には、様々な運動あそびを通して、基本的なからだの動かし方（技能面）や、用具・場を工夫して遊ぶ力（思考面）、粘り強く努力する力（精神面）などを培うことができるような指導を心がけたいものです。

　文部科学省の幼児期運動指針[8]（平成24年3月）によると、幼児期（3～6歳）は、生涯にわたって必要となる「多様な動き」の基礎を獲得するのに、非常に重要な時期であるとしており、運動にかかわる神経伝達システムは、5～6歳までに大人の約8割程度にまで発達するとも言われています。この大切な時期に、多種多様な運動あそびを通して、子どもたちが様々なからだの動かし方を経験できるよう、指導者は工夫して指導することが求められます。幼児期

において、子どもたちが様々なからだの動かし方をバランスよく獲得するためには、基本的な4つの運動スキル9) を獲得するための運動を万遍なく経験することが大切です。

「移動系運動スキル（歩く、走る、這う、跳ぶ、スキップする、泳ぐ等、ある場所から他の場所へ動くスキル）」「平衡系運動スキル（バランスをとる、渡る等、姿勢の安定を保つスキル）」「操作系運動スキル（投げる、蹴る、打つ、捕る等、物に働きかけたり、操ったりする動きのスキル）」「非移動系運動スキル（ぶら下がったり、その場で押したり、引いたりするスキル）」、これら4つの運動スキルをバランスよく獲得できるよう、指導者は意図的・計画的にプログラムを組み、指導するよう心がけたいものです。

なお、幼児の場合、自発的に様々な運動あそびを楽しむ中で、結果的に、多様なからだの動かし方を獲得できるようにすることが重要です。幼児期において、からだの動かし方を身につけていく過程で、トレーニングのように特定の動きばかりを繰り返したり、運動の頻度や強度が高過ぎたりすることで、ケガにつながったり、運動嫌いを生んでしまったりすることのないよう、注意することも大切です。運動あそび自体が楽しく、子どもたち自ら様々なあそびを追求するようになれば、運動あそびはさらに広がり、いっそう、多様なからだの動かし方を獲得できるようになります。

また、文部科学省の幼児期運動指針8)（平成24年3月）によれば、幼児がからだを動かす実現可能な時間として「毎日、合計60分以上」を目安として示しています。幼児期の子どもたちを指導する指導者は、意図的に運動あそびに取り組む時間を設定したり、外あそびを促したり、雨天時には室内でできる運動あそびを取り入れたりする等、子どもたちが、からだを動かす時間を1日60分以上確保し、望ましい運動習慣を身につけることができるよう工夫することも大切です。

これまで述べてきたように、小学校体育科の学習において、各運動領域の運動技能を習得したり、友だちと関わり合いながら運動することの楽しさを味わったりするためには、幼児期に、①どれだけ多様、かつ楽しい運動あそびを経験し、基本的なからだの動かし方を獲得しているか、②運動することに対し

て前向きな態度や姿勢が培われているか、③望ましい運動習慣が身についているか、これら3つが重要なポイントになります。幼児期の運動指導に携わる指導者には、小学校体育科における子どもたちの学びの様相を具体的にイメージし、そこに、幼児期の子どもたちの学びを繋げていく意識をもつことが大切です。小学校での学びの基礎・土台となる力を育むために、幼児期の子どもたちが学ぶべきことを適切に指導することのできる資質・能力が求められます。

（3）児童期の指導者の心構え

　小学校低学年（1・2年生）では、運動領域を「体つくりの運動あそび」「器械・器具を使っての運動あそび」「走・跳の運動あそび」、「水あそび」「ゲーム」「表現リズムあそび」としており、「あそび」の要素が強調されています。これは、小学校低学年の段階では、「あそびを通して学ぶ」ことを基本とする幼児期の教育との接続・連携が、体育科の指導においても必要不可欠であるということを意味しており、小学校体育科の指導者は、そのことを十分理解することが求められます。

　幼児期を過ごした子どもたちは、様々な運動あそびを通して、多様なからだの動かし方を獲得したり、友だちといっしょにからだを動かすことの楽しさを味わったり、技能を獲得する過程において努力することの大切さを実感したりする等、様々なことを学んだり、経験したりして小学校に入学します。小学校体育科を指導する指導者は、幼児期からの学びや経験を小学校体育科での学びに円滑に接続し、幼児期の教育を生かした連続性のある指導を心がける必要があります。そのためには、幼児期の活動や幼児期の経験を踏まえた上で、低学年における各運動領域に位置づけられた「運動あそび」を充実させることが必要不可欠です。

　運動あそびを充実させるためには、各種の運動に「あそび」の要素を加えた指導や教材の工夫が必要になります。カイヨワ[10]は、人間の「あそび」は、アゴーン（競争）、アレア（偶然）、ミミクリー（模倣）、イリンクス（眩暈）の4つに分類されるとしています。子どもたちに指導する運動あそびが、これら4つの「あそび」の要素を含む魅力的な運動あそびになっているかどうか、

内容を検討したり、見直したりするとよいでしょう。また、吉田[11] は、楽しく多様な運動あそびであるためには、①トレーニングではなく「あそび」であることを意識すること、②子どものやり方を尊重すること、③子どもたちが取り組みたくなる環境を用意すること、これら３つの視点を大切にしています。指導者は、子どもたちが自己決定をしながら自由かつ活発に遊ぶ中で、多様なからだの動かし方を経験できるよう、環境設定や教材・教具を工夫することが必要と言えます。

　小学校の体育学習は、小学校学習指導要領（体育科）に示された目標を達成する必要があることを踏まえると、「運動あそび」の指導では、楽しい運動あそびを提供することで終わるのではなく、そこには、小学校体育科の目標達成に向けた指導者の明確な意図やねらいが組み込まれ、意図的・計画的に運動あそびが展開されることも重要です。子どもたちは、目の前の魅力的な運動あそびを夢中になって楽しみ、その結果、指導者がねらいとする運動技能や身につけさせたい力の習得に繋がることが理想と言えます。

　「～できるようにする」といった体育科の目標に対する到達度を重視する視点をもって計画・指導に当たることは大切ですが、到達度を重視し過ぎてしまうと、技能の獲得に偏った指導になってしまう恐れがあること、また、規律の過度な徹底や「あそび」の要素がない効率重視の指導は、運動嫌い・体育嫌いの子どもたちを生んでしまう危険性があること等に、十分留意して指導する必要があります。

　これまで述べてきたように、小学校の体育学習（特に、低学年時期）は、幼児期の教育で培った礎の上に成り立っているということを小学校体育科の指導者が十分理解し、幼児期の活動や学びを大切にした運動あそびを展開することが重要です。幼児期・児童期の運動指導に携わる指導者同士が互いに歩み寄り、幼児や児童の実態、運動あそびに関する情報などを共有したり、共同で連続性のある運動あそびプログラムを開発したりすること等も大切です。幼児期・児童期それぞれの学びの接続を円滑にし、魅力的な幼児体育・小学校体育を通して、子どもたちに運動することの楽しさや喜びを十分に味わわせていきたいものです。

【文献】

1）文部科学省：小学校学習指導要領（平成29年告示）解説体育編，（平成29年7月），2017.

2）日本学術会議（2017）子どもの動きの健全な育成をめざして～基本的動作が危ない～，http://www.scj.go.jp/ja/info/kohyo/pdf/kohyo-23-t245-1.pdf，（閲覧日：2023年5月25日）．

3）武藤芳照：学校における運動器検診ハンドブック，pp.1-8，2007.

4）スポーツ庁：令和4年度全国体力・運動能力、運動習慣等調査の結果（概要）について，2022.

5）文部科学省：幼児期運動指針ガイドブック，pp.29-46，2012.

6）スポーツ庁：平成28年度体力・運動能力調査結果分析（幼児期の外あそびと小学生の運動習慣・体力との関係），2016.

7）文部科学省：幼児期の教育と小学校教育の接続について，2010.

8）文部科学省：幼児期運動指針ガイドブック，pp.8-16，2012.

9）前橋　明：子どもの健康福祉指導ガイド，pp.59-60，2017.

10）ロジェ・カイヨワ：遊びと人間，1958.

11）白旗和也：小学校体育　これだけは知っておきたい「低学年指導」の基本，pp.14-17，2020.

幼児の体育・健康づくりトピックス ③

運動の構造を理解した指導

1．運動のアナロゴン

　アナロゴンとは、「まだやったことのない運動を表象したり、投企するために、運動経過を臨場感をもって思い浮かべる素材として用いられる類似の運動例」のことです[1]。類似の運動例であるアナロゴンを多く経験することによって、動きの「コツ」を得やすくなります。

　例えば、逆上がりでは、下図のようなあそびがアナロゴンになり得ます。

写真7-1　逆上がりのアナロゴン例

写真7-2　親子あそびでの逆上がりのアナロゴン例

2．運動の局面構造

　とび箱運動の開脚とびのように、走る・踏み切る・とび越す・着地する等の複数の動作が連携することによって、運動意図が達成される運動においては、それぞれ異なった機能をもつ準備局面、主要局面、終末局面の3つの局面に運動を分

節することができます。

　運動場面においては、これらの局面間の移行が滑らかに行われることが重要です。移行を滑らかにするためには、各局面における動作が正確に行われる必要があります。

　開脚とびにおける、準備局面での動作の主なポイントは、助走のスピードを生かせる両足踏切を行うこと、主要局面では手を支点に体重移動をすること、終末局面では膝の屈伸を利用して衝撃を吸収して安定した着地を行うことが主に挙げられます。これらの動作を正確に行うためには、各局面の動作のアナロゴンになる運動あそびを生活の中で取り入れていくことが有効です。

【文献】

1）三木四郎：学校体育授業事典，大修館書店，p.3，1995.
2）星宮伸孝：小3体育「器械運動（跳び箱運動）」指導アイデア，みんなの教育技術，2019．https://kyoiku.sho.jp/22355/（参照日：2023年10月6日）.

第8章
社会体育指導者に、
幼児体育で期待すること

1. 幼児の現状について

　夜型化のライフスタイルにより、夕食開始時刻や就寝時刻が遅くなり、大人だけではなく、幼児や児童、生徒においても生活習慣の乱れ[1] が問題となってきました。

　前橋ら[2,3] によると、朝食を欠食する子どもの増加、登園前に排便を済ませる幼児の減少、テレビやゲーム、スマートフォン等に費やす時間の増加などの生活習慣が、健康管理上、ネガティブな方向に乱れてきたことに警鐘を鳴らしています。また、舒ら[4] によると、就寝時刻の遅れや短時間睡眠、身体活動量の少なさ等の生活習慣の乱れが、幼児期の肥満の誘因になると報告しました。さらに、満処ら[5] は、コロナ禍の中で、幼児の外あそび時間のいっそうの減少の兆しが示されたことを明らかにしました。そこで、子どもたちの体力・運動能力の低下を防ぐには、前橋[6] は子どもたちの抱える、抱えさせられているネガティブな問題（睡眠リズムの乱れ、食事リズムの乱れ、身体活動量の低下）の改善が急務であることを指摘しています。

　幼児のおかれている社会の状況をみますと、科学技術の発展やSNSの普及により、室内での活動が増えて、からだを動かす習慣が激減してきています。また、親の都合で、遅くまで起きている乳幼児がいることは否めません。さらに、車の普及や就学前施設（保育園・幼稚園・こども園）への送迎バスの利用により、便利な世の中になったことで、歩くことやからだを動かす機会が減り、必ずしも高いレベルの体力・運動能力を必要としなくてもすむ環境となっている

ことを懸念しております。

　そこで、現在の幼児の家庭での活動の様子をみますと、子どもたちが就学前施設から帰宅した後に、外でからだを動かすあそび時間が少なくなり、外あそびの時間を確保する難しさだけではなく、保護者に運動あそびそのもの重要性を伝える機会が減っているのではないかと危惧しています。そのため、降園後の運動あそびの習慣が少なくなっていることや、あそびの中から得られる社会性を学ぶ機会も減少しているのではないでしょうか。

　また、帰宅後に、公園での異年齢あそびが減ったことで、近所のお兄ちゃんやお姉ちゃんに対する目標や憧れ等も少なくなり、「あそびのリーダーの不在」や、昔から伝えられてきた「伝承あそび」の減少が顕著となってきました。最も危惧することとしては、子どもたちから、あそびの達成のために「努力する課程」や「できるまで取り組む姿勢」が見られなくなってきたことで、社会性を養う機会が減少したことです。

　さらに、幼児の帰宅後のあそび内容をみますと、家の中でのあそびが中心で、テレビ・ビデオ視聴やゲーム等、1人で活動するあそび[7]が多くなり、子ども同士のかかわりが希薄になってきています。そのため、集団や大人数でのあそびは、就学前施設での活動が主となり、保育時間内での運動あそびがきわめて重要になってきます。

　そのため、就学前施設で運動あそびに携わる社会体育指導者や、保育者の存在がきわめて重要だと言えそうです。今一度、社会体育指導者や保育者は、幼児期の運動あそびの理論を重視した実践活動を考える必要があるのではないでしょうか。

　特に、社会体育指導者は、社会における体育指導を担当するため、幼児体育の理論を学び、社会体育の意義と役割を十分に認識し、さらに近年の幼児の生活習慣を把握した上で、幼児に対し、指導実践を展開していただきたいものです。

2．社会体育指導現場に求められることは何か

　指導者としては、市町村のスポーツ振興事業に携わっている行政職員や、スポーツ指導員や各種スポーツクラブ、スポーツ施設などの民間のスポーツ指導員がいます。まずは、子どもたちの現状を把握し、理論に則った運動指導を展開する必要があります。

　幼児期のあそびの現状をみると、コロナ禍の影響もあり、集団あそびや伝承あそび、戸外あそび等が減ってきていることは否めません。また、戸外で活動していても、ベンチに座ったままでテレビゲームや携帯ゲームを行う子どもたちが増えてきており、運動不足を加速させています。そのため、社会体育指導者の就学前施設で行う運動あそびは、幅広いあそびを経験させ、からだを動かして運動する楽しさを教えることを重視してもらいたいものです。その結果、日中の幼児の身体活動量が増し、就寝時刻や起床時刻が早まり、夜間の睡眠時間が長くなることを期待します。

　そこで、就学前施設における現代の子どもたちの運動あそびの現場の様子をみますと、早期からスポーツ指導を経験しており、運動量が多い子どもたちと、外あそびの減少であまり運動をしない子どもたちの2極化が顕著に表れていることがわかりました。とくに、コロナ禍の中で、2極化の広がりはさらに大きくなっている[5]ことを危惧します。そのため、地域におけるスポーツ活動の充実だけでなく、就学前施設で子どもたちが運動あそびをする環境を整備し、多くの子どもたちの運動する機会が増えるように取り組んでもらいたいものです。

　これからの社会体育指導者には、子どもの発達段階に応じて多様な運動の指導を行うことができる知識と、指導中に子どもとの接し方や言葉がけ等を勉強することが求められそうです。

3．社会体育指導者が理解しておきたいこと

（1）幅広い運動あそび体験のおススメ

　就学前施設においては、運動習慣が身についていない子どもや、スポーツが苦手な子どもに対し、運動を好きにさせるためには、誰でもできる導入あそびや楽しい運動あそびを幅広く紹介していくことが必要ではないでしょうか。また、休日の活動としては、地域レクリエーションやハイキング、野外活動の参加を促し、体験学習の大切さを保護者や保育者に伝えてもらいたいのです。

　そのためには、社会体育指導者には、幼児に関する理論を学ぶだけでなく、学校、総合型スポーツクラブ、スポーツ少年団、スポーツ・レクリエーション活動団体、障がい者スポーツ団体などと連携し、指導者の質を高める研修や指導力を向上させるための取り組みに積極的に参加し、子どもたちの現状を把握した上で、指導に携わることも必要ではないでしょうか。

　幼児期は、生涯にわたって必要な多くの運動の基となる多様な動きを幅広く獲得できるきわめて大切な時期です。その動きの獲得には、「多様な動き」と「洗練化された動き」の2つの方向性が考えられます。「多様な動き」とは、年齢とともに獲得する動きが増大することです。そのため、幼児期において獲得しておきたい基本的な4つの運動スキルとしては、歩く、走る、跳ぶ、這う等の「移動系運動スキル」、運ぶ、投げる、捕る、蹴る等の「操作系運動スキル」、片足で立つ、渡る、支える等の「平衡系運動スキル」、ぶら下がる、その場で押す、引っ張る等の「非移動系運動スキル」が挙げられます。通常、これらは、からだを動かすあそびや生活経験などを通して、やさしい動きから難しい動きへ、1つの動きから類似した動きへと、巧みな動きを獲得していくことになります。

　「洗練した動き」とは、年齢とともに、基本的な運動の仕方がうまくなっていくことです。幼児期の初期（1歳から3歳頃）では、動きに「力み」や「ぎこちなさ」が見られますが、適切な運動経験を積むことによって、年齢とともに無駄な動きや過剰な動きが減少し、活動動作が滑らかになり、目的に合った合理的な動きができるようになります。そこで、上記に示した4つの運動スキ

ルを取り入れる偏りのない運動あそびの実践が重要となります。

　また、運動発現メカニズム[8]を考えると、感覚器から知覚神経を通って、脊椎、大脳に情報が伝達され、そして、大脳から脊椎へ、運動神経を通って、実行器が指示を受けて、運動を始めます。この動作が速くなるほど、運動神経が良いということになります。これらのことを意識して乳幼児期にどのような運動が必要であるかを考えると、「感覚」「身体認識力」「空間認知能力」「保護動作」「平衡感覚」を運動あそびに取り入れ、段階に応じた指導を展開してもらいたいものです。

（2）運動時に注意したいこと

　幼児期の運動は、幼児に対し、指導者が一方的に指導するのではなく、幼児が自ら考えて工夫し、興味や関心に基づいて行動することが大切です。幼児期の発達は著しいですが、同じ年齢であっても、幼児期の成長は個人差が大きいので、一人ひとりの発達に応じたサポートをすることが望まれます。その際、友だちといっしょに楽しく遊ぶ中で、多様な動きを経験できるよう、幼児が自発的にからだを動かしたくなる環境の構成を工夫することが必要です。

　したがって、社会体育指導者が運動あそびを行う際には、子どもたちの自主的な活動になるように、簡単な動きからダイナミックな活動で運動あそびの環境を整えること、そして、子どもたちの意欲を引き出す言動を重視したいものです。

　また、社会体育指導者は、幼児の動きに合わせて、必要に応じて手を添えたり、見守ったりして、安全を確保することが必要です。さらに、固定遊具や用具などの安全な使い方や、周辺の状況に気づく等、安全に対する配慮を忘れていけません。

　そして、とくに重視しておきたいことは、からだを動かすことが就学前施設での一過性とならないように、家庭や地域にも情報を伝え、運動あそびが生活化されるように、社会で子どもを育てるという環境づくりの発信が必要でしょう。

4．社会体育指導者が行う幼児の体育あそびについて

　幼児の体育あそびは、高い技術の習得が目的ではなく、運動あそびの中で、いろいろな経験をし、それらを通して身体的、社会的、知的、精神的、情緒的な発達[9]を目指すことだと考えます。しかし、今日の就学前施設で実施されている運動あそびの中には、外で汗をかいて無我夢中に活動するあそびが減少していないかを危惧しています。一方、専門的な体育指導が行われることで、特定のスポーツに特化した運動がなされて、高度な技術を追求する指導が行われていることは否めません。そのため、偏った運動スキルの向上になっていたり、整列して見ている時間が長くなっていたりする弊害も見逃せません。本来は、子どもたちが自由に活動するあそびの中には、友だちと力を合わせて考えて活動し、より活発で動的な運動が期待されているはずです。だからこそ、社会体育指導者の指導が、幼児の体育あそびを型にはめ、身体活動量を低下させることがないようにしたいものです。

　幼児の体育あそびというのは、手ぶらで活動したり、様々な遊具や道具を使用したりして、子どもたちの運動の欲求を満足させながら、しかも、適切な指導や環境づくりによって身体活動量を高めると考えたいものです。また、友だちと仲よく遊んだり、協力したり、助け合ったりすることで、社会性を学び、遊具や道具の扱いを学んだり、考えて行動したりすることで、知的・精神的・情緒的な発達が期待できます。

　これらのことから、就学前施設における体育あそびというものは、子どもたちが自然の中で、特定の運動や種目にとらわれず、元気に活動するために、ルールに則った体育的な指導を行うことだと考えます。そのため、特定スキルや運動能力向上の促進を期待するだけでなく、子どもたちがあそびの中で様々な経験を通して、「心の感動」や「我慢する心」、そして、「友だちを応援し、協力する思いやり」が養えるような教育的配慮が必要と言えそうです。

5．社会体育指導者が理解しておきたい留意事項について

　まず、社会体育指導者は、幼児の発育・発達や生活習慣や生活リズムを理解し、幼児の発育を保障する運動あそびや、計画的な運動の取り組みができる体育あそび指導者であることが望ましいです。

（1）幼児にとって相応しい運動イベントに参加すること

　幼児期の運動は、「勝つこと」「記録を出すこと」が目的ではなく、楽しく活動することに重点を置いていることが重要です。そのため、必要以上に勝ち負けを重視する大会やイベントを行わない、または、参加しないことが望ましいと考えます。例えば、ボールゲーム大会であれば、参加チームを小グループのリーグ戦として、順位をつけず、数多く試合を行うことが効果的です。発表会種目であれば、順位をつけず、参加者全員に「○○賞」という賞状や簡易なメダルを授与することも、1つの方法です。

　したがって、どのような運動イベントに参加するかによって、ゴールを到達点とする指導計画が違ってきます。ぜひ、勝利至上主義とならず、どの子どもたちも楽しく体育あそびに参加できるプログラムの構成を最優先で考えていただきたいものです。

（2）特定のスポーツだけでなく、複数の運動あそびや運動を体験させること

　幼児期は、偏ったスポーツだけを行っていると、他のスポーツで必要とされる運動スキルが身につきません。様々なスポーツのトップアスリートにインタビューすると、「幼児期には、数種類のスポーツを行っていた」「幼児期は特定のスポーツはせずに、走ったり、登ったり、投げたりして、たくさん遊んでいた」「公園でのあそびの中からからだを動かす楽しさを学んだ」等の回答があります。技術を必要とする高いレベルの運動には、幼児期のあそび経験から得られたスキルや心の感動体験が必要となるのかもしれません。

　社会体育指導者は、専門的なスポーツを指導する場合でも、あそびを取り入れた基礎の運動や導入あそびを数多く取り入れてもらいものです。

（3）運動あそびの苦手な子やあそびの経験の少ない幼児も楽しめる工夫をすること

　帰宅後の運動あそび時間の減少で、外あそびが減り、昔あそびや伝承あそびも少なくなっています。また、コロナ化以降は、帰宅後に外で運動あそびをまったくしない幼児の存在も見逃がせません。そのため、このままでは、運動の苦手な幼児が多くなることが推察されます。

　現状では、園内における運動あそびでは、運動が得意な幼児と苦手な幼児が入りまじって指導を受けるケースが、今後ますます多くなりそうです。そのため、運動のできる幼児だけに対する指導ではなく、参加するすべての幼児が、楽しく活動し、運動あそびやスポーツごっこが好きになる環境設定と仕組みづくりの工夫が重要ではないでしょうか。

　生まれて初めて運動あそびを教えてもらう体育の先生の言動が、子どもたちを運動好きにできるかどうかと考え、指導に携わっていただくことを願っております。

（4）指導時における指導者の表情や言葉がけに注意をすること

　子どもは、指導者の態度や表情、後ろ姿をよく見ています。また、言葉がけは、子どもたちのやる気を出させたり、意欲を喪失させたりするため、とくに気をつけたいものです。運動が苦手な幼児には、優しい言葉がけや、できなかったことができたときの努力に対する誇大表現が効果的です。幼児にとって体育あそびで必要なことは、「できないことにチャレンジしようと頑張る姿勢」だと言えそうです。そのために、指導者は、ポジティブな言葉がけが望ましく、子どもたちのやる気を引き出す原動力となってもらいたいものです。また、言葉を発する時には、とくに、目じりを下げること、そして、口角を上げることで、優しい表情を心がけてもらいたいものです。

（5）指導以外でも教えてもらいたい大切なこと

　集団で活動することでしか得ることができないことは、「協力する」「応援する」「観察する」「順番を守る」「ルールを守る」等です。これらを重視した指

導は、幼児の社会性を養い、他者を許し、尊重することにも繋がります。また、道具や遊具を片づける、物を大切にするということも見逃せません。また、荷物・履物をきれいに並べることや、汚い言葉遣いをしない等を教えることも必要です。指導者は、ご自身の態度や立ち振る舞い、指導時の服装には注意し、子どもたちの見本となるように心がけてもらいたいものです。

（6）指導をする際に、注意をしてもらいたいこと

　近年は、夜型化した幼児が多くなり、就寝時刻が遅くなっています。一方、働く親が多くなっていることにより、起床時刻は早まる傾向となっています。その結果、睡眠時間が短くなっていることは否めません。そのため、朝の自律起床ができず、朝からイライラして機嫌の悪い幼児が目立つようになってきました。また、朝食の欠食や朝の排便がなく、通園する幼児も見逃せません。このような幼児の生活上の特徴を理解した上で、運動あそびを提供する必要があります。とくに、しっかりとウォーミングアップをして、事故やケガを防止することはとても大切なことです。

　また、指導者は、幼児に話しかけて、現在の体調の確認や顔色の変化を見ることも重要なことです。同時に、ケガが起きた時にタイムリーに行う応急手当の方法を学んでおく必要があります。

（7）実施してもらいたいこと

　幼児期には、全身運動を含む短時間の運動あそびを毎日行うことが望ましいと考えます。とくに、午前中と午後の3時～5時の体温が最も高まる時間帯[6]に運動を推奨しておきたいです。また、その際は、特に戸外の活動を中心とし、多様な動きを作るあそびや運動あそび、体育あそびを積極的に行うことが効果的です。指導で教えたことが、日常のあそびの中に取り入れられる工夫や自ら積極的に行えるように生活の中で習慣化することが望ましいでしょう。

　家庭できる運動あそびでは、伝承あそびや昔あそび、親子ふれあい体操、鬼ごっこ、リレーあそび、追いかけっこ、ボールあそび等はおススメです。中でも、親子がふれあうことで心が通じ合える「親子ふれあい体操」は、簡単にで

き、室内外での活動も可能で、お勧めしたいあそびのため、特筆しておきます。

　以上のことより、これからの社会体育指導者には、基本的運動スキルやあそびから得られる5つの側面（身体的、社会的、知的、精神的、情緒的)[9]を考え、「認定こども園教育・保育要領」や「幼稚園教育要領」「保育所保育指針」に提示されている、あそびを中心とした活動により、発達に応じた4つの運動スキルを万遍なく取り入れた活動を行うとともに、教育的配慮をもって運動あそびを展開することが求められそうです。

　コロナ化で低下した幼児の体力・運動能力の向上のためには、就学前施設の保育時間内における運動あそびにますます期待が寄せられそうです。そのため、幼児体育や運動あそびに携わる指導者や、保育者の関わりがきわめて重要となります。

　したがって、今後は、理論と運動実践のできる社会体育指導者による幼児体育にますます注目が集まりそうです。

【文献】

1）前橋　明：保育園幼児の生活習慣（2012年）とその課題，運動・健康教育研究21（1），pp.38-63，2013.

2）前橋　明・松尾瑞穂・石井浩子：幼児の生活習慣分析に基づいた生活リズム向上戦略の展開（Ⅲ）―2011年冬季沖縄キャラバンの実践―，幼少児健康教育研究18（1），pp.37-58，2012.

3）前橋　明・泉秀生・松尾瑞穂：保育園幼児の生活と夜10時以降の活動―2011年調査より，レジャー・レクリエーション研究70，pp.22-25，2012.

4）舒　浩璐・山梨みほ・前橋　明：コロナ禍における幼児の朝の疲労スコアと外あそび時間および生活状況との関連，レジャー・レクリエーション研究97，pp.51-61，2022.

5）満処絵里香・前橋　明：COVID-19 流行前後における幼児の運動と生活習慣の実態および課題―大阪府池田市における幼児の場合－，レジャー・レクリエーション研究99，pp.1-12，2023.

6）前橋　明：子どものからだの異変とその対策，体育学研究49（3），pp.197-208，2004.

7）小石浩一・泉　秀生・前橋　明：保育園幼児における午後の運動あそびと就寝時刻との関連性，子どもの健康福祉研究23，pp.1-9，2015.

8）前橋　明・松尾瑞穂他：幼児体育―理論と実践―初級第5版，大学教育出版，pp.39-42，2016.

9）前橋　明：子どもの健康福祉戦略『食べて、動いて、よく寝よう！』，子どもの健康福

祉研究31，pp.5-17，2020.

第9章
自然体験活動と幼児体育との関連について

1. 自然体験活動の定義

　自然体験活動の定義として、文部科学省[1] は「自然の中で、自然を活用して行われる各種活動であり、具体的には、キャンプ、ハイキング、スキー、カヌーといった野外活動、動植物や星の観察といった自然・環境学習活動、自然物を使った工作や自然の中での音楽会といった文化・芸術活動などを含んだ総合的な活動」としています。

　自然体験活動を行う場所は、おもに、公園や森林、川や海などが挙げられます。動植物に触れることや川や海で泳ぐこと、石や土といった自然物を使ったあそび等、自然体験活動は、行う場所によって、様々な活動を展開することができます。

　幼稚園教育要領[2] の第2章における「環境」の内容の取扱いには、「幼児期において自然のもつ意味は大きく、自然の大きさ、美しさ、不思議さ等に直接ふれる体験を通して、幼児の心が安らぎ、豊かな感情、好奇心、思考力、表現力の基礎が培われることを踏まえ、幼児が自然との関わりを深めることができるよう工夫すること」と記載されています。

　また、幼稚園教育要領[2] の第2章における「健康」の内容の取扱いには、「自然の中で伸び伸びとからだを動かして遊ぶことにより、からだの諸機能の発達が促されることに留意し、幼児の興味や関心が戸外にも向くようにすること」と記載されています。

　さらに、幼保連携型認定こども園教育・保育要領[3] における幼児期の終わ

りまでに育ってほしい姿の「自然との関わり・生命尊重」では、「自然にふれて感動する体験を通して、自然の変化などを感じ取り、好奇心や探究心をもって考え、言葉か身体などで表現しながら、身近な事象への関心が高まるとともに、動植物への接し方を考え、命あるものとしていたわり、大切にする気持ちをもって関わるようになること」が示されています。[4]

　このように、自然体験活動は、幼児の多面的発達[4]（身体的・社会的・知的・精神的・情緒的）に寄与することが期待できるでしょう。

（1）身体的発達：自然体験活動において、例えば、木登りでは、筋力や瞬発力、持久力、平衡性、柔軟性などが養われます。さらに、虫とりや落ち葉あそびでも、野山を駆け回る際に、持久力や敏捷性などが育まれます。

（2）社会的発達：自然体験活動は、グループやチームでの協力を必要とすることがあります。登山やキャンプ等の活動が代表例でしょう。このような人と人との協力が必要な体験を通して、社会性が獲得できるでしょう。

（3）知的発達：自然体験活動は、動植物や季節の変化、自然現象などの知識を身につける機会を提供します。また、自然の中での体験は、観察力や科学的思考を養います。

（4）精神的発達：自然体験活動を行うことで、自然に対する興味・関心が刺激されます。そうすることで、創造性や集中力の向上など、精神的発達が期待できるでしょう。

（5）情緒的発達：自然の美しさや静けさに接することで、ストレスの軽減や穏やかな心を養うことができます。また、グループやチームで行う自然体験活動を通して、感情をコントロールする能力を獲得することができるでしょう。

　児童憲章[5]には、「すべての児童は、自然を愛し、科学と芸術を尊ぶように導かれ、また、道徳的心情が培われる」と記されています。自然に親しむことで、穏やかな心を養うとともに、幼児の興味・関心を刺激し、知的好奇心や探究心を育むことができるでしょう。

渡部[6] の研究では、子どもの自然あそびの意義と効果は、豊かな人間性や自主性、体力・健康などの「生きる力」の基盤を育むことであると報告されています。

このように、自然体験は、幼児の心身の発達に、ポジティブな影響をもたらします。

2．自然体験活動と幼児体育との関わり

自然体験活動と幼児体育は、密接な関わりがあります。自然体験活動と幼児体育は、それぞれ幼児の発達において欠かすことのできない役割を担っていますが、自然体験活動は、幼児体育においても重要である多面的発達や基本的な運動スキルなども養うことができます。幼児期は、多種多様な運動や体験活動を行うことが必要な時期です。幼児は、自然体験活動を通して、様々な動作を行うことで、筋力やバランス感覚を養い、運動能力を向上することができるでしょう。

また、自然体験活動は、幼児の感覚器官を養う場でもあります。 自然の中で、昆虫に触れること、空や海を見ること、野鳥の声を聴くこと、草花の匂いを嗅ぐこと、これらは、「触れる」「見る」「聴く」「嗅ぐ」等の感覚の発達を促すでしょう。

加えて、自然の中で、季節の変化を体験することで、時間の経過や周期性の概念を身につけることができるでしょう。

さらに、自然体験活動は、屋外での活動時間と運動量を増やし、幼児の健康的な成長に寄与します。太陽の下で活動することで、ビタミンDを生成することにも繋がります。

3．自然の中で行う幼児体育

幼児体育を自然の中で行うことは、幼児の発達に多くのポジティブな効果が期待できます。

（1）自然を利用した運動: 太陽の下で、自然の中を駆け回り、跳びはねたりすることで、幼児の身体能力や運動スキルの向上が期待できるでしょう。また、木や川、海などを利用することで、運動の種類の幅が広がります。

（2）多様な感覚体験: 自然の中には、様々な感覚体験があります。動植物に触れること、鳥の鳴き声や風の音を聴くことで、幼児の感覚の発達や豊かな感性を育みます。

（3）学習環境: 自然の中には、学びの機会が豊富にあります。幼児は、自然の中で、動植物や季節の移り変わりに接することで、科学的思考や探究心を養うことができます。自然の中での体験的な学びは、幼児の興味・関心を刺激し、自発的な学びに繋がることでしょう。

（4）リラックス効果: 自然の中で、身体を動かすことで、開放感を得られることでしょう。また、自然の美しさや静けさは、幼児の気持ちを穏やかにし、ストレスを軽減させることが期待できるでしょう。

　適切な安全対策をした上で、自然の中で幼児体育を行うことは、有益であると言えるでしょう。自然の中で行う幼児体育は、心身の発達や感覚体験、自然からの学び、リラックス効果など、幼児の健全育成に寄与できる要素が多くあるのではないでしょうか。

4．自然体験活動の留意点

　自然体験活動、および自然の中で幼児体育を実施する際には、下記の点に留意しなくてはなりません。

（1）安全性の確保：自然体験活動を行う場所や環境の安全性を事前に確認しておきます。ケガや事故のリスクがある場所や活動には注意を払い、事前に、救急救命用具や適切な監視体制を準備する必要があります。

（2）環境への配慮：自然の中で活動する際は、ゴミの持ち帰りや動植物への配慮、自然環境への負荷を考慮した行動など、環境保護の意識をもつこと

が必要です。また、活動を行う場所の規約を順守することも忘れてはいけません。

（3）教育への配慮：自然体験活動は、教育的な目的をもつ場合が多いため、活動の中で実施する教育的アプローチが適切であるかの確認が必要です。

（4）幼児への配慮：活動に参加する幼児の発達段階に合わせた活動であるか配慮しなくてはなりません。幼児が安心・安全に活動できる環境を提供しましょう。

（5）天候と季節の配慮：自然体験活動は、自然の中で行うという性質上、天候や季節の影響を受けることがあります。活動を計画する際には、天候や季節の変化を考慮し、最適な時期や時間帯を選ぶことが重要です。また、日照時間や気候など、季節の特性に応じた適切な準備を行う必要があります。

　以上の点に留意することで、自然体験活動を、より安全で効果的なものにすることができるでしょう。

【文献】
1 ）文部科学省：青少年の野外教育の充実について（報告），pp.1-48，1996.
2 ）文部科学省：幼稚園教育要領，p.15，2017.
3 ）内閣府・文部科学省・厚生労働省：幼保連携型認定こども園教育・保育要領，p.61，2018.
4 ）前橋　明：子どもの健康福祉指導ガイド2，大学教育出版，pp.22-27，2017.
5 ）厚生労働省：児童憲章，p.1，1951.
6 ）渡部かなえ：発達障害・知的障害を持つ子どもたちの自然体験活動の意義と現状、人文研究205，pp.59-74，2022.

幼児体育指導年間計画

1．0‐2歳児の運動とあそび

0〜2歳といっても、月齢に応じて、できるものとできないものがありますので、まずは、4か月の発育順に、それぞれの月齢児にできうる運動を確認すると、自ずから、子どもへのかかわり方がわかるようになってくるでしょう。

子どもの首が座って、親も子どもの扱いに少し慣れてきた4か月ごろから見ていきましょう。

（1）4カ月〜7カ月の運動

生後4カ月で、赤ちゃんの脇の下を支え立たせると、喜んでピョンピョンと、脚で床を蹴るようになります。生後5カ月近くになって、赤ちゃんの両足を持って寝返りをさせようと働きかけると、上半身はどうにか自分の力で返すことができるようになります。寝返りは、この働きかけを何度か続けていくことによって、できるようになります。公園の芝生の上に、柔らかいシートを敷いて、その上で、遊んでみましょう。

赤ちゃんが寝返りを打つことを覚えてハイハイの姿勢になると、動いている人の姿や動くおもちゃをしっかり見つめて、動きを追うようになります。また、仰向けの状態から手を引いて起こそうとすると、腕を曲げ、一生懸命に自ら起きようとします。さらに、両手を持って立たせると、しばらく脚を踏ん張って立つようにもなります。心地よい陽光を浴びながら、楽しんでみてください。

（2）6カ月〜8カ月頃の運動

6カ月頃には、ハイハイをし始めようとします。前へ進むより、後ずさりの方が簡単で、早くできます。前へ進む方は、床を蹴る要領の体得が、今一歩、難しいようです。前進するハイハイを促す働きかけとしては、赤ちゃんの前方に、赤ちゃんの興味のあるおもちゃを置いて動機づけるとよいでしょう。それも、手が届きそうなところに置くことがポイントです。赤ちゃんがおもちゃを取ろうと踏ん張った時に、赤ちゃんの両足の裏を軽く押して蹴りやすくします。

つまり、赤ちゃんが踏ん張った時に力が入るように、赤ちゃんの両足の裏に手を添えて援助します。お子さんの好きな、柔らかい遊具を持って外に出るのがよいでしょう。

　7カ月頃には、お母さんの支えなしで、足を投げ出して少しの間、座っていられるようになります。これを一人すわり、または、えんこと言います。こうした、いろいろな経験をしていくうちに、生後8カ月頃には、ハイハイで前進できるようになってきます。このハイハイができるようになると、行動範囲が広がり、いろいろなことを行ってみたくなります。また、つかまり立ちができ、支えて歩かせることも可能になります。

（3）　9カ月～12カ月頃の運動

　9カ月～10カ月頃には、片手を添えると、片手を持って歩かせることもできるようになります。11カ月～12カ月では、まったく支えなしで立てるようになります。ただし、これらの運動は、生後の外的刺激と乳児自身の意欲から獲得される運動ですので、自然のまま放置していては起こらないことを頭に入れておいてください。そのためには、運動機能を発達させるための練習、親からのかかわり、働きかけが必要となってきます。

　そのために一番理にかなっている刺激であり、働きかけが、親子ふれあい体操や、じゃれつきあそびです。戸外の芝生の上でしっかり関わって遊んでみてください。

（4）　1歳～1歳3カ月の運動

　1歳～1歳3カ月になると、伝い歩きのあそびができるようになります。伝い歩きが始まったら、両手を支えて前方への歩行練習をさせ、前方への足踏み運動の感覚を覚えさせることが大切です。そして、自力で少しずつ前進し始めます。

　立位での活動の始まるこの時期に、いろいろなバランスあそびに楽しく取り組んでいきましょう。これらのあそびの経験が、安全に活動できる基礎づくりになっていきます。揺れる膝の上でバランスを取ったり、リズミカルに立った

り、座ったり、また、線の上やタオルの上を歩いたりして、平衡性やリズム感を養います。

（5）1歳4カ月～1歳7ヵ月の運動

　1歳4カ月～1歳7ヵ月では、立ち上げてもらったり、逆さにしてもらったり、回してもらったりすると、見える世界が変わってきます。空間認知能力がどんどん育っていきます。とても喜びますが、親子の信頼関係と、これまでのあそび体験が未熟だと、怖がります。子どもの成長や体調に合わせて、無理をさせないように気をつけながら、外でのじゃれつきあそびや親子体操を楽しんでください。

　動きや働きかけのポイントとしては、急に子どもの手足を引っ張らないようにすること、子どもが手足に意識が向くように、声をかけてから行うことが大切です。歩行が始まって、よちよちとぎこちない歩き方をしていた子どもでも、1歳6カ月を過ぎる頃から、いろいろな環境の下で、しっかり歩けるようになっていきます。歩幅の乱れもなくなり、でこぼこ道や坂道などもゆっくりではありますが、歩けるようになり、また、障害物もまたぐことが可能になります。さらに、しゃがんだりくぐったりを喜んでするようになります。

（6）1歳8か月～2歳の運動

　1歳8か月～2歳では、シートや芝生の上で、じゃれつきあそびを十分に経験させておくと、この時期の運動は、とても完全に楽しく無理なく展開できます。走り出す子どもも見られるようになりますが、走り出した子どもは動き回ろうとする衝動的な気持ちが強すぎるため、走っていて急に止まったり、方向を変えたりすることは、まだまだ難しいです。これらのことは、2歳の中頃にやっとコントロールができるようになっていきます。

　運動発達の可能月齢は個人差が大きいので、月齢にこだわらず、これらの順序を正しくおさえて動きの発達刺激を与えていけば、多少遅れていても、心配はいりません。また、反対に早ければ早いほど、良いというものではありません。つまり、適切な時期にそれぞれの運動発達が起こるよう、個々の子どもの

実態に合った援助をしていって下さい。

　その後、は、いろいろな動きを経験してもらいたいです。ごみ捨てや買い物袋運び、雑巾しぼり、ゴミ集め、テーブル拭き、窓ふき等のお手伝いは、とてもいい運動になります。子どもの体調に合わせて、無理なく、周囲の物に気をつけて、安全にあそび感覚で行ってください。皆さん、頑張ってみてください。

（7）幼児期に経験させたい運動やあそび

　「幼児期に、経験させたい運動を教えてほしい」という質問が、よく私に投げかけられます。私は、「歩くことは、運動の基本」「走ることは、運動の主役」と思っています。ですから、歩く・走るという運動の大切さを、ぜひ幼児期にしっかり経験させていただきたいと願います。

　要は、もっと、「歩く」「走る」という運動の経験を、しっかりもたせていきたいと考えています。そして、生活の中で、近年、なかなか行わなくなった動き、とくに、「逆さになる」「転がる」「回る」「支える」といった動きが少なくなっていますので、幼児期から努めて、しなくなった動きや弱くなった動き、とくに、逆さ感覚や回転感覚、支持感覚を育てるような動きを大事にしていきたいと考えています。

　体力・体格の発達と学習の適時性については、幼児期から10歳ぐらいまで、いわゆる小学校の低学年ぐらいまでは、バランス系のあそび、敏捷な動き、巧みな動き等の平衡性や敏捷性、巧緻性と言われる「調整力」の獲得に適時性があります。

（8）外あそびの時間

　とくに、体温の高まりがピークになる午後3時頃から、戸外で積極的にからだを動かせば、健康な生体リズムを維持できます。低年齢で、体力が弱い場合には、午前中にからだを動かすだけでも、夜早めに眠れるようになりますが、体力がついてくる4歳，5歳以降は、朝の運動だけでは足りません。体温の高まるピーク時の運動も、ぜひ大切に考えて取り入れてください。午後4時前後の放課後の時間帯は、最も動きやすい時間帯（ゴールデンタイム）なのです。

1時間ぐらいは、あそびの時間が必要です。

　生活が遅寝・遅起きで夜型化している子どもの体温リズムは、普通の体温リズムから数時間後ろへずれ込んでいます。朝は、本来なら眠っているときの体温で起こされて活動を開始しなければならないため、からだが目覚めず、体温は低く、動きは鈍くなっているのです。逆に、夜になっても、体温が高いため、なかなか寝つけないという悪循環になっています。このズレた体温リズムを、もとにもどす有効な方法を2つ紹介しますと、①朝、太陽の陽光を浴びることと、②日中に運動（1日60分）をすることです。

（9）園庭利用の促進の現状と課題

　乳幼児の外あそび推進のためには、乳幼児にとって身近で安全な場であり、体格や発達に適した環境として、幼稚園や保育所、認定こども園の園庭が挙げられます。とくに、地域の未就園児の保護者が安心して利用できる公園が少ないことから、幼稚園や保育所、認定こども園で実施される「園庭開放」を利用して外あそびを促進したいものです。現状の課題としては、幼稚園や保育所、認定こども園は、管轄や教育・保育内容の基準、教育・保育時間の違い、園設備や園庭の状況、地域柄などによって、園庭を開放する頻度（曜日や日にち、時間帯など）に大きな差があります。また、園庭開放を園児募集の一環として位置づけている園も多く、利用者のニーズに合っていない現状があります。

・人数や時間、遊具の対象年齢による制限がある。

・園庭に屋外トイレが設置されていない施設も多い。

・土曜日や日曜日に園庭を開放するためには、職員の休日出勤問題による人手不足にも直面する。

・安全面を考慮すると、園職員もしくは園庭を管理する人材の立ち合いが必須であり、園の本来のカリキュラムや人員配置の変更、週末の時間外出勤などがあげられる。

・時間外出勤の手当は、補助金対象ではないため、園にも職員にも大きな負担となっている。また、園や職員の負担を軽減するために、園庭を管理する人材を確保する必要があるが、人材確保には費用がかかる。

・園庭利用中のケガや事故においては、園が加入している保険で対応していることも多いが、保険の加入における取り決めは曖昧である。

　また、在園児以外の利用者の対応については、園が新たに保険へ加入する必要がある。保護者への周知について、公立や私立、幼稚園や保育所、認定こども園といった各施設の園庭開放情報を取りまとめて周知している自治体はありますが、園庭開放の目的が載っておらず、イベントとして告知されているケースが多いです。また、告知方法について、保護者が普段から目に入る施設（かかりつけ医や健診会場、スーパー等）に、掲示されていないことから、必要とする保護者に情報が届いていない現状があります。

（10）乳幼児の外あそびを推進するための解決策

　乳幼児の外あそびを推進するためには、乳幼児にとって最も身近で安全な場である幼稚園や保育所、認定こども園の園庭の利用を促進されることが必要です。そのためには、行政の子育て支援事業において、園庭開放の実施を必須として位置づけられる必要があります。保育士や教諭、外部人材に対して、管轄が異なる幼稚園、保育所、認定こども園で統一した指針を設け、園庭利用における地域格差をなくす必要もあります。そのためには、まず、園庭や園庭開放の実態調査を実施し、認定こども園、保育所、幼稚園に関する正確な現状把握を行うことが求められます。

（11）乳幼児（０・１・２歳）が利用可能な街区公園の必要性

　代替となる街区公園には、乳幼児が安全に使用可能な運動遊具が必ずしも設置されていません。地域の保育所や認定こども園などには、乳幼児を対象とした運動遊具が設置されていますが、地域の未就園児は「園庭開放」でしか利用できず、日程は、園に任されており、日常的に利用するのは難しい状況であり、日曜日の利用は、より困難といえます。よって、街区公園の新たな企画として、０・１・２歳の乳幼児が利用可能なコーナーや運動遊具を設置することが必要です。ですから、街区公園・幼児保育施設の園庭開放が今後、必要になると言えるでしょう。

(12) 未就学児の外あそびの場としての園庭の開放・利活用の促進の方法

地域によって、園庭開放の頻度や内容にばらつきがあったり、開放されていても利用者のニーズに即応していなかったりしています。解決策としては、子育て支援の一環として、地域格差なく、園庭開放を積極的に実施していくことです。国や行政への要望としては、地域子育て支援拠点事業における園庭の必須化を図ることです。

そのために、①園庭解放の必須化のために必要な費用を補充するための子育て拠点事業の予算の拡充、あそびの提供・見守り・子育て相談などが行える人材の確保、安全に展開するために、子育て支援事業を総合的に補償する保険の取得、園庭がない場合の代替場所確保にかかる費用を準備することです。また、②認定拠点の拡大のための認定基準の見直しも必要です。自治体の子育て支援事業における園庭開放の必須化、および、そのための地方交付金の配布を通じた子育て支援事業の予算の増加と園庭開放への配分額の確保をしていただきたいものです。

(13) 乳児の運動能力と幼児の運動能力

乳児の身体運動は、四肢の動きに始まり、少したって、頚の動き、頚の筋肉の力が発達して頭部を支え、7〜8か月頃になると、座ることができ、平衡感覚が備わってきます。続いて、手・脚の協調性が生まれるとともに、手や脚、腰の筋力の発達によって、からだを支えることができるようになり、這いだします。這う機能が発達してくると、平衡感覚もいっそう発達して、直立、歩行を開始します。

これらの発達は、個人差があるものの、生後1年2〜3か月のうちに、この経過をたどります。幼児期になると、走力や跳力、投力などの基礎的運動能力が備わってきます。幼児の運動能力を発達させるには、興味あるあそびを自発的にくり返し経験させることが大切です。というのも、3〜4歳頃になれば、運動能力はあそびを通して発達していくからです。

ところで、ここでいう「運動能力」とは、全身の機能、とくに神経・感覚機能と筋機能の総合構成した能力と考えます。また、基礎的運動能力として、走

力や跳力の伸びがはやく、とくに3歳～5歳では、その動きが大きいといえます。なかでも、走る運動は、全身運動であるため、筋力や心肺機能（呼吸循環機能）の発達と関係が深く、跳躍運動は、瞬発的に大きな脚の筋力によって行われる運動ですから、その跳躍距離の長短は腕の振りと脚の伸展の協応力とも関係が深いと言えます。跳躍距離に関しては、6歳児になると、脚の筋力の発達と協応動作の発達により、3歳児の2倍近くの距離を跳べるようになります。

　投げる運動では、大きな腕の力や手首の力があっても、手からボールを離すタイミングを誤ると、距離は伸びません。とくに、オーバースローによる距離投げの場合は、脚から手首まで、力を順に伝達し、その力をボールにかけるようにする必要があります。オーバースローによるボール投げは、4歳半以後からは、男児の方の発達が女児に比べて大きくなります。懸垂運動は、筋の持久性はもとより、運動を続けようという意志力にも影響を受けます。

(14) 乳幼児の事故防止と安全管理のポイント

　外あそびでは、大切な子どもの命を守ることを最優先にしなければなりません。乳幼児期は、発達上の特性から事故の発生が多く、事故に伴う傷害は、子どもの心身に重大な影響を及ぼしますので、子どもの心身の状態や発育・発達特性、成長に伴う事故の現状について正しく理解し、事故防止のための的確な準備・対応を行わねばなりません。

　①乳幼児は、頭部の占める割合が大きいため、自分の姿勢を維持するバランスがとりにくい。②幼児は、背が低いので、目の高さが低く、また、視野は狭いので、幼児には見えないことが多々あり、事故に結びついています。③興味があるものに注意が奪われると、そのこと以外は目に入らなくなります。④抽象的な言葉は理解しにくいため、何が危ないのか、何に注意すべきなのかを、わかる言葉で伝えることが必要です。⑤子どもは大人の行動をよく見ていて、よく真似をしますので、子どもの手本になる行動をとることが重要です。⑥運動機能が未発達であるため、「バランスがとりにくい」「力の加減が難しい」「すぐに手が出ない」「瞬時に避けることができない」等の特徴があります。

表1　0歳児の運動指導計画例

4月	5月	6月	7月
主題	主題	主題	主題
0～3か月の運動	0～3か月の運動	0～3か月の運動	4～7か月の運動
内容	内容	内容	内容
・肩で支えて頭を上げる。 ・うつ伏せにして、毛布やタオルを胸元にあてて、頭を上げやすい状態にしてあげる。	・首がすわる。（腰はまだ安定していないので、一人で座らせることは避ける。）	・指の間に入れたものをつかむ。（小さいものに反応して、つかむことができるようになる。）	・ゆっくり引き起こし、あお向きから起き上がる。 ・肩を押して、からだをねじらせる。 ・他動的な下半身のねじりから、からだをねじる。
・あごをもち上げる。（寝たきりにさせず、時々うつ伏せにする。） ・うつ伏せの姿勢にして、頭をもち上げ、保持する運動を起こさせる。	・あお向きでかかえ上げると頭がついてくる。（両手を背中に当てて、頭が床から離れないぐらい上に抱え上げて、反らせる。）	・触れたものにさわる。（赤ちゃんのさわりやすい位置におもちゃを置いてさわらせてみる。おもちゃをつかんで引き寄せる動きへと発達していく。）	・うつ伏せの状態から、30秒程度頭を上げる。 ・からだを自分の手で支えて、胸を上げる。 ・首を支えて立ち、抱きから、前後左右にゆする。
・うつ伏せの状態から、頭を少し上げる。（うつ伏せの状態にすると、頭を少なくとも45度程度持ち上げ、10秒程度保持することができる。）	・からだを起こしたとき、頭を保つ。（両脇に手を回し、顔を向かい合わせて、目を見つめながら、ゆっくりからだを起こす。）	・うつ向きでかかえ上げると、頭がついてくる。（うつ向きにして、胸のあたりを支え、首がガクンとなるようなら、頭を床につけたままで行う。）	・両肩を支えて反り返える。 ・両足首を支えてねじると、肩がまわり、寝返りをする。
運動スキル	運動スキル	運動スキル	運動スキル
非移動系運動スキル 平衡系運動スキル	非移動系運動スキル 平衡系運動スキル	移動系運動スキル 平衡系運動スキル	移動系運動スキル 平衡系運動スキル
体力要素・能力	体力要素・能力	体力要素・能力	体力要素・能力
筋力、敏捷性、身体認識力、空間認知能力	筋力、敏捷性、協応性、身体認識力、空間認知能力	筋力、敏捷性、協応性、身体認識力、空間認知能力	瞬発力、敏捷性、協応性、調整力、空間認知能力

【出典】前橋　明：乳幼児の運動発達，明研図書，1998.

8月	9月	10月	11月
主題	主題	主題	主題
4～7か月の運動	4～7か月の運動	4～7か月の運動	8～11か月の運動
内容	内容	内容	内容
・頭をまっすぐに立てて保つ。 ・ブランコごっこをしてゆらす。 ・手を支えて、起き上がりをする。 ・ぶらさがった物をつかむ。 ・高い高いを楽しむ。（しっかり支えて、言葉をかけながら持ち上げてもらう。） ・自力で反り返りをする。 ・手をのばして物をつかむ。 ・寝返りをする。（はじめのうちは、手がお腹の下に入ってしまうので、手を抜いてあげる。） ・ヒコーキをする運動	・支えられて座る。 ・つかまって座る。 ・自力で座る。 ・30秒程度、一人で座る。（いつひっくり返るかわからないので、まわりには物を置かないようにする。） ・キックをする。（両ひざを曲げて、足首をはさみ、そのまま力を入れて上から押さえる。） ・胸と足を支え上げて、足上げ両手つきをする。（逆立ちの前段階として、いきなり高く上げないで、背骨を反らせる程度にする。）	・腹を軸にしてぐるぐる回る。 ・腹這いで前に進む。（腹這いで、肘を使って前に進む。） ・立ち抱き、ゆらゆらバランスをする。（大人の膝の上に立たせて、左右にゆらゆらとゆらす。） ・四つん這いになる。（軽く足を開かせ、手首も内側や外側に向きすぎないように、まっすぐに開かせる。） ・足支え起き上がりをする。（あお向けに寝た赤ちゃんの両手を片手で握り、もう一方の手で赤ちゃんの足首を軽く押さえ、赤ちゃんの手を引くようにする。）	・よこ起きをする。（赤ちゃんの片手を支えて、ゆっくり横から起き上がる。） ・四つん這いから、腹を持ち上げる。 ・手をもってもらい、両腕の円運動をする。（大人の指を持たせ、園を描くように手を動かす。） ・1つの物を持ち、もう1つの物を取る。 ・キック移動をする。（足の裏を押し上げて、赤ちゃんが足を延ばすのを支えると、前に進む。） ・寝た位置から起きて座る。 ・自分で起き上がって座る。 ・高這いで前進する。（腹の下に手を入れて、腰を上げ、高這いの姿勢にする。）
運動スキル	運動スキル	運動スキル	運動スキル
移動系運動スキル 非移動系運動スキル 平衡系運動スキル	移動系運動スキル 非移動系運動スキル 平衡系運動スキル	移動系運動スキル 平衡系運動スキル	移動系運動スキル 平衡系運動スキル
体力要素・能力	体力要素・能力	体力要素・能力	体力要素・能力
瞬発力、敏捷性、協応性、調整力、柔軟性、空間認知能力	瞬発力、敏捷性、協応性、空間認知能力	筋持久力、瞬発力、バランス、協応性、身体認識、空間認知能力	筋持久力、瞬発力、敏捷性、バランス、協応性、身体認識力、空間認知能力

【出典】前橋　明：乳幼児の運動発達，明研図書，1998．

12月	1月	2月	3月
主題	主題	主題	主題
8〜11か月の運動	8〜11か月の運動	8〜11か月の運動	8〜11か月の運動
内容	内容	内容	内容
・つかまり立ちをする。 ・支えられて立つ。 ・目的地まで高這いで移動する。（手をたたいて呼びかけ、高這いをさせる。） ・トンネルくぐりをする（大人が四つん這いになってトンネルをつくり、トンネルの下を自由にハイハイでくぐらせる） ・ハイハイでトンネルくぐりをする。（器具や段ボールで作ったトンネルを用意する。） ・物につかまって立つ。 ・物につかまり、立ち上がる。 ・ボールをたたく。	・ボールをひろう。 ・ボールをころがす。 ・ころがっているボールをとりに行く。 ・ボールを投げる。（持ちやすい大きさや柔らかさのボールを準備する。） ・つり上げをしてもらう。（向かい合って立ち、大人の親指を握らせ、子どもの手首を持ってつり上げる。） ・座って両手で持ったものを持ち変える運動 ・小さいものを親指と人差し指でつまんだり、やぶったりする。 ・ボートこぎをする（大人は開脚して座り、内側に子どもを同じ向きで座らせる。いっしょに棒を持って、前後にからだを倒してボートをこぐ運動をおこなう）	・まねをして机をたたく。 ・高のりをする。（大人があお向けに床に寝て、足の膝から先が、床と平行になるように曲げ、その上に子どもをうつ伏せに寝かせる。両手を持って飛行機のような形にして、大人が膝から下に軽く上下左右に動かしてバランスをとるようにさせる。） ・肩車をしてもらってバランスを保つ。 ・からだ起こしをする。 ・膝立ちの姿勢で、物を押して歩く。 ・頭をつけた逆立ち姿勢になる。（子どもの両足首を握って、ゆっくりと垂直まで持ち上げる。）" ・一人で立つ。 ・頭と首の運動を自由自在に行う。（いないいないばーで、頭を左右に動かすあそびを行う。）	・引っぱり立ちをする。（子どもをうつ伏せにして、両腕を伸ばさせ、大人は子どもの頭の方に膝を曲げてしゃがみ、両手を握る。子どもの腕が曲がらないように気をつけながら、腕、頭、肩、腹が床から順に離れるように引き上げ、立ち上がるまで上に引く。） ・物をポンポンと投げる。 ・ハイハイ登りをする。（とび箱一段の上にマットをかけ、その上を登らせる。） ・這って、すべり台を逆に登る。 ・足上げキックをする。 ・まねをしながら、からだの太鼓たたきをする。 ・手足をバタバタさせる。（音楽に合わせて、いっしょにからだを動かす。）
運動スキル	運動スキル	運動スキル	運動スキル
移動系運動スキル 非移動系運動スキル 操作系運動スキル	移動系運動スキル 非移動系運動スキル 操作系運動スキル	移動系運動スキル 平衡系運動スキル 操作系運動スキル	移動系運動スキル 平衡系運動スキル 操作系運動スキル
体力要素・能力	体力要素・能力	体力要素・能力	体力要素・能力
瞬発力、敏捷性、バランス、協応性、空間認知能力	瞬発力、敏捷性、バランス、協応性、空間認知能力	瞬発力、敏捷性、協応性、平衡性、空間認知能力	筋力、瞬発力、協応性、リズム、空間認知能力

【出典】前橋　明：乳幼児の運動発達，明研図書，1998.

表2　1歳児の運動指導計画例

4月	5月	6月	7月
主題	主題	主題	主題
①リズムあそび ②歩くあそび	①リズムあそび ②歩くあそび	①リズムあそび ②歩くあそび	①リズムあそび ②歩くあそび
内容	内容	内容	内容
・支えてもらって歩く。 ・2拍子で歩く。	・一人で歩く。	・手押し歩きをする。 ・足をつっぱって膝の上に立つあそび。	・ひとりで自由に歩く。（広い場所に連れていき、自由に歩かせる。）
・しゃがみ立ちあがりをする。	・もの運びあそび。（ぬいぐるみやボールを両手でかかえて、持って来てもらう。）	・膝の上でゆられてバランスを保つあそび。	・ものを入れたり、出したりするあそび。（ものをつまんだり、つかんで物を入れる、出す等の運動を行う。）
・小さいボールつかむ。（手に届く位置にボールを置いて、つかんだり、転がしたりする。）			
運動スキル	運動スキル	運動スキル	運動スキル
移動系運動スキル 操作系運動スキル	移動系運動スキル	移動系運動スキル 平衡系運動スキル	移動系運動スキル 平衡系運動スキル
体力要素・能力	体力要素・能力	体力要素・能力	体力要素・能力
筋力、リズム、協応性、身体認識力、空間知覚能力	リズム、筋力、協応性、身体認識力、空間知覚能力	筋力、平衡性、リズム、協応性、身体認識力、空間知覚能力	リズム、筋力、協応性、空間認知能力

【出典】前橋　明：乳幼児の運動発達，明研図書，1998.

8月	9月	10月	11月
主題	主題	主題	主題
①リズムあそび ②マットあそび	①リズムあそび ②マットあそび	①リズムあそび ②とび箱あそび	①リズムあそび ②とび箱あそび
内容	内容	内容	内容
・障害物をよけて歩く。 ・坂道・下り道を歩く。 ・でこぼこ道を歩く。	・障害物をよけて歩く。 ・坂道・下り道を歩く。 ・でこぼこ道を歩く。	・よじ登り、後ろおりをする。 （高さ40-50cmの障害物を準備する。）	・台を登ったり、降りたりする。 ・台を登り、またぎおりをする。
・積木つみあそび。（積木をたたく、くずすというあそび。慣れてきたら、2つ、3つと重ねるあそびを行う。）	・手を支えて、バランスくずしをするあそび。（子どもを立たせて、両手を支えて前後左右にバランスを崩していく）	・階段を登る。（連続した段差を作って登る運動をする。）	・すべり台を登ってすべり降りる。
運動スキル	運動スキル	運動スキル	運動スキル
移動系運動スキル 平衡系運動スキル 操作系運動スキル	移動系運動スキル 平衡系運動スキル	移動系運動スキル 平衡系運動スキル	移動系運動スキル 平衡系運動スキル
体力要素・能力	体力要素・能力	体力要素・能力	体力要素・能力
筋力、リズム、平衡性、協応性、空間認知能力	筋力、平衡性、リズム、協応性、巧緻性、空間認知能力	筋力、平衡性、瞬発力、協応性、巧緻性、身体認識力、空間認知能力	リズム、筋力、平衡性、瞬発力、協応性、巧緻性、身体認識力、空間認知能力

【出典】前橋　明：乳幼児の運動発達，明研図書，1998．

12月	1月	2月	3月
主題	主題	主題	主題
①リズムあそび ②鉄棒あそび	①リズムあそび ②鉄棒あそび	①リズムあそび ②ボールあそび （転がす・投げる）	①リズムあそび ②ボールあそび （投げる・蹴る）
内容	内容	内容	内容
・手首を持って、高く持ち上げて遊ぶ。 宙ぶらりんになるあそび。 （両手首をしっかり握って持ち上げるあそび。） ・手で支えた逆立ち姿勢あそび。（子どもを四つん這いにし、両足首を持ち、ゆっくり引き上げる。）	・棒引っぱりをする。（あお向けに寝ている子どもに、棒を握らせて、子どものからだを徐々に引き上げ、立ち上がらせる。） ・メリーゴーラウンドあそび（両手を持ってゆっくりまわす。）	・ころがってくるボールを受け止める。 ・ボールを投げはじめる。	・ボールを蹴る。（静止しているボールや、自分の前にゆっくり転がってきたボールを蹴る。） ・キャッチごっこをする（座って、手渡し合い、投げて渡すあそび。）
運動スキル	運動スキル	運動スキル	運動スキル
非移動系運動スキル	非移動系運動スキル	操作系運動スキル	操作系運動スキル
体力要素・能力	体力要素・能力	体力要素・能力	体力要素・能力
リズム、筋力、巧緻性、瞬発力、敏捷性、平衡性、協応性、空間認知能力	リズム、筋力、平衡性、協応性、巧緻性、空間認知能力	リズム、協応性、巧緻性、瞬発力、敏捷性、空間認知能力	リズム、瞬発力、協応性、巧緻性、空間認知能力

【出典】前橋　明：乳幼児の運動発達，明研図書，1998.

表3　２歳児の運動指導計画例

4月	5月	6月	7月
主題	主題	主題	主題
①リズムあそび ②歩・走あそび	①リズムあそび ②歩・走あそび	①リズムあそび ②跳・マットあそび	①リズムあそび ②跳・マットあそび
内容	内容	内容	内容
・かかとでちょこちょこ歩き、後ろ向きに歩く、手をつないで歩く、横歩きをする・補助をして片足立ちあそび、かけっこをする。	・模倣あそび：アヒル歩きをする。（上体を前に曲げて、お尻に両手をのせ、手首を上下に拍子をとりながらヨチヨチ歩きをする。）	・マット跳びをする（跳ぶ楽しさを覚えたら、１人で自由にはねて遊ばせる。まっすぐ跳ぶことや上体を曲げないように注意する。）	・うさぎとびをする（バンザイをし、手の甲を少し前にたらしてウサギの耳をつくりながら、ピョンピョン跳ねる。）
	・模倣あそび：ゾウ歩きをする。（上体を少し曲げ、片手は後ろに回して腰の上にのせる。もう一方の腕で「鼻」のつもりで、下に垂らして前後左右に揺らしながら、のしのし歩く。）	・やきいもゴロゴロをする。（あお向けに手足を伸ばして寝かせる。まっすぐ横に回るようにことばがけをする。）	・傾斜をつけたやきいもゴロゴロをする。イヌ歩きをする。
・補助をして片足立ちあそび、かけっこをする。			
運動スキル	運動スキル	運動スキル	運動スキル
移動系運動スキル	移動系運動スキル	移動系運動スキル 平衡系運動スキル	移動系運動スキル 平衡系運動スキル
体力要素・能力	体力要素・能力	体力要素・能力	体力要素・能力
筋力、リズム、平衡性、身体認識力、空間認知能力	筋力、リズム、平衡性、協応性、身体認識力、空間認知能力	筋力、リズム、平衡性、協応性、身体認識力、空間認知能力	筋力、リズム、平衡性、柔軟性、協応性、巧緻性、空間認知能力

【出典】前橋　明：乳幼児の運動発達，明研図書，1998.

8月	9月	10月	11月
主題	主題	主題	主題
①リズムあそび ②跳・マットあそび	①リズムあそび ②とび箱あそび	①リズムあそび ②とび箱・平均台あそび	①リズムあそび ②鉄棒・平均台あそび
内容	内容	内容	内容
・グーパー跳びをする（足を閉じて「グー」、足を開いて「パー」の動きで跳んでいく。）	・とび箱ののぼりおりをする。（自由な上がり方で、とび箱の上に上がる。）	・次第にとび箱の段を多くし、高くしていく。	・棒引っぱりをする。（あお向けに寝ている子どもに、棒を握らせて、子どものからだを徐々に引き上げ、立ち上がる。）
・マットの下をくぐる。 ・クマ歩きをする。（膝をつかずに、四つん這いで前に移動する。）	・走ってきて跳び上がったり、よじ登ったりする。	・平均台の下をくぐったり、上をまたぐ。	・ぶら下がりをする。（両手でしっかり握る。励ましのことばかけをしながら、いつ手を離しても補助ができるような位置で見守る。）
運動スキル	運動スキル	運動スキル	運動スキル
移動系運動スキル 平衡系運動スキル	移動系運動スキル 平衡系運動スキル	移動系運動スキル 平衡系運動スキル	移動系運動スキル 平衡系運動スキル 非移動系運動スキル
体力要素・能力	体力要素・能力	体力要素・能力	体力要素・能力
筋力、リズム、平衡性、柔軟性、協応性、巧緻性、空間認知能力	筋力、リズム、平衡性、瞬発力、協応性、巧緻性、空間認知能力	筋力、リズム、平衡性、瞬発力、協応性、巧緻性、空間認知能力	筋持久力、リズム、平衡性、協応性、巧緻性、身体認識力、空間認知能力

【出典】前橋　明：乳幼児の運動発達，明研図書，1998.

12月	1月	2月	3月
主題	主題	主題	主題
①リズムあそび ②鉄棒あそび	①リズムあそび ②なわ・フープあそび	①リズムあそび ②ボールあそび （転がす・投げる）	①リズムあそび ②ボールあそび （投げる・蹴る）
内容	内容	内容	内容
・前後にゆれながらぶら下がりをする。 ・ぶたの丸焼きをする。（両手両足支持の逆さ懸垂姿勢でおこなう。）	・フープを持って、走る。輪転がしをする。並べられた輪の中を跳ぶ。 ・長なわをまたいだり、くぐったりする。長なわを跳び越える。長なわの上をバランスとって歩く。	・両手を使ってボールつきをする。両手ボール投げをする。 ・ボールを両手で受け止める。（転がってくるボールをからだの正面で受け止めるようにする。）	・ボールを足で止める。 ・つま先で蹴る。 ・的にボールを転がして当てる。
運動スキル	運動スキル	運動スキル	運動スキル
移動系運動スキル 非移動系運動スキル	移動系運動スキル 操作系運動スキル	移動系運動スキル 操作系運動スキル	移動系運動スキル 操作系運動スキル
体力要素・能力	体力要素・能力	体力要素・能力	体力要素・能力
筋持久力、リズム、平衡性、協応性、巧緻性、空間認知能力	リズム、筋力、瞬発力、敏捷性、平衡性、協応性、巧緻性、空間認知能力	リズム、瞬発力、協応性、巧緻性、空間認知能力	リズム、瞬発力、協応性、巧緻性、空間認知能力

【出典】前橋　明：乳幼児の運動発達，明研図書，1998.

2．乳幼児期の運動発達

　人間の身体発育や体力・運動能力をみると、それらの発達には、一定の法則があることに気づきます。例えば、人間のからだの機能は、栄養を与えれば、ある程度の発育や発達はしますが、使わなければ萎縮（機能低下）していきます。また、使い過ぎれば、かえって機能障害を起こす恐れがあります。したがって、正しく使えば発達するということです。

　ここでいう「発育」とは、英語のgrowthであり、身長や体重といったからだの形態的変化（増大）です。また、「発達」とは、英語のdevelopmentであり、筋力や瞬発力が高まったというような心身の機能的変化（拡大）です。

　乳児期の運動発達では、神経組織の発育・発達が中心となり、とりわけ、髄鞘の発育が急速に成就され、大きく関与してきます。したがって、運動機能の発達は、以下の3つの特徴が考えられます。

① 　頭部から下肢の方へと、機能の発達が移っていきます。

② 　からだの中枢部から末梢部へと、運動が進んでいきます。

③ 　大きな筋肉を使った粗大な運動しかできない時期から、しだいに分化して、小さな筋肉を巧みに使える微細運動や協調運動が可能となり、随意連動ができるようになります。

　乳児の身体運動は、四肢の動きに始まり、少したって、頸の動き、頸の筋肉の力が発達して頭部を支え、7〜8か月頃になると、座ることができ、平衡感覚が備わってきます。続いて、手・脚の協調性が生まれるとともに、手や脚、腰の筋力の発達によって、からだを支えることができるようになり、這いだします。這う機能が発達してくると、平衡感覚もいっそう発達して、直立、歩行を開始します。これらの発達は、個人差があるものの、生後1年2〜3か月のうちに、この経過をたどります。

　幼児期になると、走力や跳力、投力、懸垂力などの基礎的運動能力が備わってきます。はじめは、細かい運動はできず、全身運動が多く、そして、4歳〜5歳くらいになると、手先や指先の運動が単独に行われるようになります。こうした幼児の発達段階をふまえて、運動能力を発達させるには、興味あるあ

そびを自発的にくり返し経験させることが大切です。というのも、３歳〜４歳頃になれば、運動能力はあそびを通して発達していくからです。

　５歳〜６歳になると、独創的発達も進んできます。さらに、情緒も発達してきますので、あそびから一歩進んで体育的な運動を加味することが大切になってきます。競争や遊戯などを経験し、運動機能を発達させるとともに、幼児の体力づくりのための具体的な働きかけも必要となってきます。

　ところで、ここでいう「運動能力」とは、全身の機能、とくに神経・感覚機能と筋機能の総合構成した能力と考えてよいでしょう。また、基礎的運動能力として、走力や跳力の伸びがはやく、とくに３歳、４歳、５歳では、その動きが大きいといえます。

　なかでも、走る運動は、全身運動であるため、筋力や心肺機能（循環機能）の発達と関係が深く、跳躍運動は、瞬発的に大きな脚の筋力によって行われる運動ですから、その跳躍距離の長短は腕の振りと脚の伸展の協応力とも関係が深いといえます。跳躍距離に関しては、６歳児になると、脚の筋力の発達と協応動作の発達により、３歳児の２倍近くの距離を跳べるようになります。

　投げる運動では、大きな腕の力や手首の力があっても、手からボールを離すタイミングを誤ると、距離は伸びません。とくに、オーバースローによる距離投げの場合は、脚から手首まで、力を順に伝達し、その力をボールにかけるようにする必要があります。オーバースローによるボール投げは、４歳半以降からは、男児の方の発達が女児に比べて大きくなります。

　懸垂運動は、筋の持久性はもとより、運動を続けようという意志力にも影響を受けます。幼児期では、運動能力、とくに、大脳皮質の運動領域の発達による調整力の伸びがはやく、性別を問わず、４歳頃になると急速にその力がついてきます。これは、脳の錘体細胞が、回路化し、それにあわせて筋肉や骨格も発達していくからでしょう。

　次に、乳幼児期にみられる基本の運動スキルを４つ紹介しておきます。

① **移動系運動スキル**
　歩く、走る、這う、跳ぶ、スキップする、泳ぐ等、ある場所から他の場所へ

動く技術です。

②　平衡系運動スキル

バランスをとる、渡る等、姿勢の安定を保つスキルです。

③　操作系運動スキル

投げる、蹴る、打つ、取る等、物に働きかけたり、操ったりする動きの技術です。

④　非移動系運動スキル（その場での運動スキル）

その場で、押したり、引いたり、ぶら下がったりする技術です。

最後に、運動時に育つ能力として、身体認識力と空間認知能力を説明しておきます。

①　身体認識力

身体部分（手、足、膝、指、頭、背中など）とその動き（筋肉運動的な動き）を理解・認識する力です。自分のからだが、どのように動き、どのような姿勢になっているかを見極める力です。

②　空間認知能力

自分のからだと自己を取り巻く空間について知り、からだと方向・位置関係（上下・左右・高低など）を理解する能力です。

表4　3〜5歳児の運動指導計画例

月	3歳児	4歳児	5歳児
4	・動物や乗り物などに変身し、様々な動作を経験する（模倣）。 ・鉛筆ころがしをイメージして横転をする（マット運動）。	・模倣やリズム運動などで、様々な動作を繰り返して動く（体力づくり）。 ・連続したスムーズな横転する（マット運動）。	・模倣やリズム運動など、様々な動作を繰り返す（体力づくり）。 ・2人1組で手をつなぎ、横転をする（マット運動）。 ・起き上がりを意識して前転をする（マット運動）。
5	・模倣やリズム運動をして、様々な動作を繰り返す（体力づくり）。 ・連続した動きで横転をする（マット運動）。	・2人1組で、ふれあいあそび（押す、引く、まわる等）をする（体力づくり）。 ・マットに両手を着き、顎を引いて前転をする（マット運動）。	・2人1組で、ふれあいあそび（押す、引く、まわる等）をする（体力づくり）。 ・連続前転をする（マット運動）。 ・補助付で、後転をする（マット運動）。
6	・補助付で、前転をする（マット運動）。 ・並べたフープの中を跳んでいく（フープあそび）。 ・登り降りをする（とび箱運動）。	・起き上がりを意識して前転をする（マット運動）。 ・並べたフープの中を、止まらずに跳んでいく（フープあそび）。 ・両足で踏み切り、とび箱を跳び越す（とび箱運動）。	・後ろへ回転後、両手でマットを押しながら起き上がる（マット運動：後転）。 ・並べたフープの中を、止まらずに両足で跳んでいく（フープあそび）。 ・両足で踏み切り、両手を着いて、とび箱上でウマのりになる（とび箱運動）。
7	・並べたフープの中を、止まらずに跳んで進む（フープあそび）。 ・両足踏み切りで、跳び上がり降りをする（とび箱運動）。	・並べたフープの中を、止まらずに両足で跳んでいく（フープあそび）。 ・両足で踏み切り、とび箱に両手を着いて、横跳び越しをする（とび箱運動）。	・フープを使って、グーパー跳びをする（フープあそび）。 ・補助付で、開脚跳びをする(とび箱運動)。
8	・並べたフープの中を、止まらずに両足で跳んでいく（フープあそび）。 ・両手を着いて、横跳び越しをする（とび箱運動）。 ・鉄棒にぶら下がる（鉄棒運動）。	・フープを使って、グーパー跳びをする（フープあそび）。 ・両手を着いて、とび箱上でウマのりになる（とび箱運動）。 ・鉄棒にぶら下がり、からだを前後に振る（鉄棒運動）。	・フープを使って、ケン・パー跳びをする（フープあそび）。 ・両足で踏み切り、とび箱の前方に両手を着いて、足を開いてとび箱を跳び越す（とび箱運動）。 ・動物に変身し、鉄棒にぶら下がる（鉄棒運動）。
9	・2人1組で、ふれあいあそび（押す、引く、まわる等）をする（体力づくり）。 ・鉄棒にぶら下がって、からだを前後に振る（鉄棒運動）。 ・動物に変身し、鉄棒にぶら下がる（鉄棒運動）。	・2人1組で、ゲーム（お尻たたき、足ふみあそび等）をする（体力づくり）。 ・動物に変身し、鉄棒にぶら下がる（鉄棒運動）。 ・鉄棒を順手で持って、両腕の間から片足ずつ通し、そろえてから後ろへ回る（鉄棒運動）。	・2人1組で、ゲーム（お尻たたき、足ふみあそび等）をする（体力づくり）。 ・とび上がって鉄棒に乗り、腕立て姿勢でバランスを保つ（鉄棒運動）。 ・前回りをして、足が地面についてから手をはなして降りる（鉄棒運動）。

月	3歳児	4歳児	5歳児
10	・鉄棒にぶら下がった姿勢で、両足に物をはさんで移動する（鉄棒運動）。 ・順手で鉄棒を持ち、両腕の間から片足ずつ通して、後ろへ回る（鉄棒運動）。 ・遊具や用具を用いて、コースあそびをする（体力づくり）。	・両手で鉄棒を握り、両足で地面を蹴って、後ろから前に足を抜いて回る（鉄棒運動：尻上がり）。 ・頭、胴、両足を一直線に伸ばした姿勢で、腕立て支持をする（鉄棒運動）。 ・遊具や用具を用いて、障害物あそびをする（体力づくり）。	・からだを引きつけながら両足を引き上げ、足をからませる（鉄棒運動）。 ・補助付で、片足踏み切り逆上がりをする（鉄棒運動）。 ・遊具や用具を用いて、サーキットあそびをする（体力づくり）。
11	・地面に置いたなわの上を歩いたり、なわを跳び越したりする（長なわ運動）。 ・平均台を上がったり、下がったりする一連の動作を繰り返して進む（平均台運動）。 ・遊具や用具を用いて、より長いコースあそびをする（体力づくり）。	・ゆれる長なわに合わせてタイミングよく跳ぶ（長なわ運動）。 ・平均台の上を、横歩きで移動する。できたら、追歩の前歩きや交互に足を出して進む（平均台運動）。 ・遊具や用具を用いて、より長い障害物あそびをする（体力づくり）。	・なわ回しをする（短なわ運動）。 ・平均台に手をつき、両足をそろえて平均台を跳び越える（平均台運動）。 ・遊具や用具を用いて、より長いサーキットあそびをする（体力づくり）。
12	・長なわを用いて、横波、縦波を跳ぶ（長なわ運動）。 ・平均台の上を、横歩きで移動する。できたら、追歩の前歩きや交互に足を出して進む（平均台運動）。 ・ボールを投げたり、転がしたり、蹴ったりする（ボール運動）。	・なわ回しをする（短なわ運動）。 ・平均台に手をつき、両足をそろえて平均台を跳び越える（平均台運動）。 ・円内で転がってきたボールを避けて遊ぶ。できたら、円の外からボールを投げて中当てあそびをする（ボール運動）。	・前回しとび、後ろ回しとびをする。できたら、連続とびをする（短なわ運動）。 ・平均台上を2人が手をつないで、ペースを合わせて、前進で歩いて渡る（平均台運動）。 ・サッカーをする（ボール運動）。
1	・ゆれる長なわのタイミングに合わせて跳ぶ（長なわ運動）。 ・的当て投げをする（ボール運動）。 ・円内で転がってきたボールを避けて遊ぶ。 できたら、円の外からボールを投げて中当てをあそびする（ボール運動）。	・前回しとびをする（短なわ運動）。 ・ボールを真上に投げ上げ、バウンドキャッチをする（ボール運動）。 ・転がしドッジボールをする（ボール運動）。	・前回しあやとび、前回し交差とびをする（短なわ運動）。 ・2人1組で、キャッチボールをする（ボール運動）。 ・転がしドッジボールをする（ボール運動）。
2	・なわ回しをする（短なわ運動）。 ・ボールを真上に投げ上げ、バウンドキャッチをする（ボール運動）。 ・ボールの蹴りっこをする（ボール運動）。	・前回しとび、後ろ回しとびをする。できたら、連続とびをする（短なわ運動）。 ・2人1組で、キャッチボールをする（ボール運動）。 ・サッカーあそびをする（ボール運動）。	・回っている長なわのタイミングを見ながら、くぐり抜ける（長なわ運動）。 ・回っている長なわに外から入り、一定回数を跳ぶ（長なわ運動）。 ・ドッジボールをする（ボール運動）。
3	・2人1組で、ゲーム（お尻たたき、足ふみあそび等）をする（体力づくり）。 ・1年間で用いた遊具や用具を使って、障害物あそびをする（体力づくり）。	・1年間で用いた遊具や用具を使って、サーキットあそびをする（体力づくり）。 ・ドッジボールをする（ボール運動）。	・1年間で用いた遊具や用具を使って、立体コースを経験する（体力づくり）。 ・王様ドッジボールをする（ボール運動）。

3．親子ふれあい体操指導

（1）親子ふれあい体操のすすめ

　乳幼児期の子どもたちにとって「からだを思い切り動かして遊ぶ」時間や体験は、身体的にも精神的にも健康を維持する上で、大変重要です。「楽しかった！」「もっとやりたい！」「明日もやりたい！」というように、指導者は、子どもたちの心が動くからだ動かしの機会をたくさん提供していけるよう心がけたいものです。そして、指導者が、もう一つ重要視しなければならないことは、子どもたちの「運動の生活化（運動習慣の獲得）」です。からだを動かして得られる感動体験を一時のもので終わらせるのではなく、生活の中で、日常的に経験させてあげられるようにし、日常的かつ自発的にからだを動かす子どもたちを増やしていきたいものです。

　文部科学省から出された幼児期運動指針[1] の中では、運動習慣を身に付けると、①生涯にわたる健康的で活動的な生活習慣の形成にも役立つ可能性が高く、肥満や痩身を防ぐ効果もあり、成人後も生活習慣病になる危険性が低くなること、②体調不良を防ぎ、身体的にも精神的にも疲労感を残さない効果があることなどが述べられています。また、乳幼児期に運動習慣が身に付いている子どもは、就学後の体力合計点や運動頻度が高いことも述べられています。乳幼児期から「望ましい運動習慣」を身に付けることは、子どもたちの健全な成長には必要不可欠であると言えます。

　子どもたちが望ましい運動習慣を身に付け、運動の生活化を図るためには、子どもを取り巻く大人（保護者）の役割が大変重要になってきます。そこで、子どもたちの健全な成長を願う幼児体育の指導者としては、親子のふれあいがしっかりもて、かつ、からだを動かす実践『親子ふれあい体操』を全国各地に普及させていきたいものです。指導者は、家の中で簡単にできる、かつ、子どもたちの心が動く、そんな楽しい親子での体操を紹介し、保護者は、各家庭で日常的に親子ふれあい体操を実践することで、子どもたちの望ましい運動習慣の獲得につなげていきたいと考えます。各園やスポーツクラブで体操やスポーツを指導してくれるところもありますが、やはり、乳幼児期の子どもたちは、

親が喜ぶ顔や笑顔を見たり、親から励ましの言葉を掛けられたりしながら運動する楽しさや心地よさを実感することで、日常的かつ意欲的に運動する習慣を獲得していくものであると考えます。乳幼児期の子どもたちにとって、親は「最高の応援団」です。そのことを大人（保護者）への大切なメッセージとして投げかけていくためにも、親子ふれあい体操の実践を推進していきたいものです。

（2）親子ふれあい体操指導計画を作成する上での留意点

　親子ふれあい体操の指導計画を作成する上で、指導者が留意すべき点は、3つあります。

　1つは、体操の内容が、参加する子どもたちの年齢や発達段階に合ったものであるかどうかです。もちろん、個人差はありますが、3〜4歳、4〜5歳、5〜6歳の子どもたちでは、それぞれの年代でできることや運動に求めるものに違いがあります。計画したプログラムが、参加する子どもたちの年齢や発達段階に合ったものでないと、「難しい」「できるようにならない」という体験から「つまらない」「やりたくない」等、運動意欲の低下に繋がってしまう恐れがあります。子どもたちの「できた！」「次もやりたい！」を増やし、各家庭においても日常的に実践してもらえるよう、各年齢や発達段階に合った体操をプログラムに組み込むようにしましょう。

　2つは、指導計画全体を見たときに、体操の内容が、4つの運動スキル[2]（「移動系運動スキル（歩く、走る、這う、跳ぶ、スキップする、泳ぐ等、ある場所から他の場所へ動くスキル）」「平衡系運動スキル（バランスをとる、渡る等、姿勢の安定を保つスキル）」「操作系運動スキル（投げる、蹴る、打つ、捕る等、物に働きかけたり、操ったりする動きのスキル）」「非移動系運動スキル（ぶら下がったり、その場で押したり、引いたりするスキル）」）をバランスよく経験・獲得できるものになっているかどうかです。乳幼児期の子どもたちは、多様な動きを経験することが大変重要です。

　また、子どもたちの運動に対する飽きを生じさせず、運動意欲を持続させる意味でも、多種多様な動きをバランスよく取り入れてプログラムを作成すると

よいでしょう。30分間ないし１時間の指導計画を立てたら、プログラム全体を見渡し、体操が偏った運動スキルの内容になっていないかを見直すことが大切です。

　３つは、安全に運動するための配慮事項が検討されているかどうかです。子どもたちやその保護者が、親子で安全にふれあい体操を楽しむためには、安全上、留意すべきことを保護者が正しく理解して体操をすることが大切です。指導者は、指導の現場や各家庭で親子がケガをすることのないよう、からだの使い方や体操の正しい行い方を十分に検討し、保護者に伝えられるようにしておくことが求められます。親子ふれあい体操が、子どもたちやその保護者にとって魅力的で、楽しいものであっても、ケガをしてしまっては「もっとやりたい！」「明日もやりたい！」という次の実践には繋がっていきません。楽しく運動することと、安全に運動することは、つねに隣り合わせにあるということを指導者は十分理解した上で、指導計画を立てるように心がけましょう。

【文献】
１）文部科学省：幼児期運動指針ガイドブック，pp.21-23，2012.
２）前橋　明：コンパス 幼児の体育，建帛社，pp.9-12，2017.

表5　親子ふれあい体操指導と指導指導計画（30分間）

時間	指導内容	指導上の留意事項
5分	1．準備運動→忍者修行 　・頭手裏剣 　・足手裏剣 　・忍者チョップ 　・かめはめ波	・手首、足首、膝、腰など、体操の中で使うからだの部位を十分にほぐすようにする。 ・子どもの心をほぐすために、楽しい雰囲気をつくるようにする。 ・忍者修行では、頭手裏剣や足手裏剣など、大きく分かりやすく動くようにする。
20分	2．高い高い 	・子どもの脇の下に手を入れ、真上に垂直に持ち上げるようにする。 ・子どもの歳の数だけ持ち上げるようにする。このとき、子どもの足を地床上に着け、子どもが両足で地面を蹴る勢いを利用して、子どもを上に上げるとよい。
	3．スーパーマン 	・子どもの胸とももに手を当てて、子どもを持ち上げるようにする。
	4．ロボット歩き 	・前方や横方向、後ろ方向に進む、回転する、大股で進む、またさきする等、様々なバリエーションをはじめの説明や見本で示すようにする。
	5．手おし車 	・手おし車の仕方が分からない子どもや苦手な子どもは、持っている足の高さを低くしたり、太ももを持ってあげたりすることで、手で歩きやすくなることを事前に説明したり、運動中に助言したりする。 ・無理にさせたり、長い時間させたりすると、疲れて顔を床に打ちつけてケガにつながることに留意する。

時間	指導内容	指導上の留意事項
	6．跳び越しくぐり	・子どもが親の足の上を跳び越す際、親は長座で座り、子どもが親の体（尻）の下をくぐり抜ける時だけ体（尻）を浮かすように、事前の説明を丁寧にし、見本を見せておく。
	7．両足くぐり	・子どもが親の両足の下をくぐり抜ける動きが正しくできるよう、事前の説明と見本を丁寧に行う。
	8．丸太たおし	・「力試しをしてみよう！」と誘いかけるように導入する。 ・子どもは力いっぱい押したり、引いたりするため、勢いで転倒しないよう留意して指導する。
	9．おしりたたき	・右手と右手を繋いで行ったら、左手でも行ってみることや、タオルの両端を持って行う等の工夫も伝えておく。
	10．足ふみ競争	・見本を見せる際に、繋いだ両手を離さないことを、必ず伝える。
5分	11．整理運動	・体操の中で使ったからだの部位をほぐすようにする。 ・「食べて、動いて、よく寝よう！」に関する振り返りをしたり、応援メッセージを伝えたりする。

（出典：前橋　明『子どもにもママにも優しいふれあい体操』かんき出版，2014.）

実践編
運動あそびの創作

運動あそび	フライキャッチ
あそびを通して 育つもの （体力要素）	協応性、筋力、巧緻性、操作系運動スキル、空間認知能力
準備するもの	キャンディボール（各1）……あそびを行う子どものからだの大きさに合ったもの
あそび方	①キャンディボールを、力いっぱい真上に投げ上げます。 ②真上に投げ上げたキャンディボールを、キャッチします。
留意点	・最初は、下手投げから始めて、慣れてきたら上手投げに挑戦してみましょう。 ・子ども同士で、誰がキャンディボールを一番高く投げ上げられるかを競争すると、よりゲーム性が高まります。 ・複数人で行う場合、子ども同士がぶつからないように、2m程度の間隔を空けましょう。
イラスト・画像	

運動あそび	隠れ身の術かくれんぼ
あそびを通して 育つもの （体力要素）	巧緻性、非移動系運動スキル、身体認識力、空間認知能力
準備するもの	小型のレジャーシート（1）……レジャーシートや風呂敷、バスタオル等、子どもが両手に持つことで、子どものからだを隠すことができるもの。
あそび方	①鬼役を1人決めます。他の子どもは、鬼から逃げる子になります。 ②鬼は、ゆっくり10まで数えます。子は、鬼が10数える間に、レジャーシートを用いて、忍者の隠れ身の術で身を隠します。 ③鬼は、10まで数え終わったら、「もう、いいかい？」と子に聞きます（通常のかくれんぼと同じやりとり）。 ④鬼は、隠れ身の術をしている子を見つけて「○○ちゃん（くん）、みーつけた」と言います。この時、隠れ身の術をしている子の名前を当てられず、別の名前を言ってしまった場合は、見つけたことにはなりません。 ⑤最初に見つかった子と鬼を交代し、くり返して遊びます。
留意点	・あそびを行う前に、忍者の隠れ身の術の隠れ方について、子どもたちに伝えておきましょう。
イラスト・画像	

運動あそび	まねっこポーズあそび
あそびを通して 育つもの （体力要素）	筋力、協応性、平衡系運動スキル、身体認識力、模倣能力
あそび方	①保護者が子どもたちの前に立ち、片足立ちをします。 ②子どもたちは、片足立ちで保護者と同じポーズをします。 ③保護者は、片足立のまま、様々なポーズをとっていき、子どもたちは、それを真似し続けますが、両足が地面についた子どもは、その場に座ります。 ④最後まで、子どもたちが保護者と同じポーズをとり続けられるかを競います。
留意点	・大人数で行うと、盛り上がります。 ・子ども同士がぶつからないように、一定の距離や間隔をあけましょう。 ・ゲームの発展形として、最後まで、保護者と同じポーズをとり続けた子どもに、今度は、子どもたちの前で、ポーズをとる役をしてもらいましょう。
イラスト・画像	

運動あそび	宝とり
あそびを通して 育つもの （体力要素）	筋力、敏捷性、スピード、巧緻性、身体認識力、空間認知能力、移動系運動スキル、操作系運動スキル
準備するもの	フラフープ（3）
あそび方	①同じ人数になるように、3チームに分かれます。 ②スタートの合図で、真ん中の宝を取りにいき、自分のチームのフラフープに集めます。 ③運ぶことができる宝は、1回に1つです。 ④真ん中の宝がなくなったら、他のチームのフープから宝をもらって運びます。 ⑤終わりの合図がなったら、自分のチームのフープのまわりに戻ります。 ⑥フープの中の宝を数えて、一番数が多いチームの勝ちです。
留意点	①宝を運ぶときや宝をとるタイミングで、衝突しないように気をつけます。 ②フープの距離が、均一になるように置きます。 ③ボールの種類によって、宝の価値（2点分）を変えるとよいでしょう。
イラスト・画像	

運動あそび	忍者ゲーム
あそびを通して育つもの（体力要素）	身体認識力、瞬発力、敏捷性、持久力
あそび方	①指導者と子どもが向かい合います（2m離れる）。 ②指導者のかけ声で、子どもは、その場でかけ足を始めます。 　※かけ声＝忍者 ③指導者のかけ声で、子どもは、様々な動作を行います。 　※かけ声（動作）＝頭・手裏剣（しゃがむ）、足・手裏剣（跳ぶ）、刀（頭の上で手を合わせる）、爆弾（跳ぶ） ④③を繰り返します。
留意点	・子ども同士の衝突を防ぐため、距離と間隔を空けます。 ・指導者の（3）でのかけ声は、子どもが1つの動作に慣れてきたら、次のかけ声と動作を教え、ゲームを発展させていきます。 ・子どもが飽きないように、指導者は、（3）のかけ声を工夫します。 ・指導者の動作は、かけ声に合わせて、大きくゆっくり/すばやくと行います。
イラスト・画像	 頭・手裏剣（しゃがむ） 足・手裏剣（跳ぶ）

運動あそび	タオルdeジャンプ
あそびを通して 育つもの （体力要素）	移動系運動スキル（歩く、走る、跳ぶ）、瞬発力、敏捷性、リズム感、空間認知能力
準備するもの	タオル（人数分）
あそび方	①子どもたち同士の距離や間隔を空けながら、タオルを横方向にして見えるように床上に置きます。 ②床に置いているタオルを目印に、踏まないようにリズムよく片足ずつの「つま先・かかとタッチ」をします。 ③タオルをまたぐように、前後にゆっくり歩きます。慣れてきたら、テンポを早めの「マーチ」に挑戦します。 ④「両足ジャンプ」や「チョキジャンプ」に挑戦します。（足を前後に開き、タオルをまたいだ状態で素早く、足を変えて動かします。） ⑤タオルの置く方向を縦にして、「横跳び」（左右に足をそろえて跳ぶ）や、「ステップタッチ」（タオルをまたいで、片足ずつ移動）、「半回転ジャンプ・一回転ジャンプ」等、難易度を上げて、いろんな方向へのジャンプに挑戦していきます。
留意点	・十分な広さのある空間で、子どもたち同士の距離や間隔を保ちながら実施します。 ・タオルを踏んで滑って転倒しないように、始めはゆっくりとした動きで行います。 ・慣れてきたら、音楽をかけて、曲のリズムを感じて、動いていきます。 ・初心者おすすめのBPM：120～、慣れてきたら、アップテンポの曲でBPM：130～にしてみましょう。
イラスト・画像	 両足で前後にジャンプ 両足で左右にジャンプ

運動あそび	ころぶとだめよ、よーいドン
あそびを通して 育つもの （体力要素）	敏捷性、協応性、バランス感覚、協調性・思いやり
準備するもの	・園庭にラインを10m〜12mくらい空けて2本引きます。スタートラインとゴールラインは交互に変わります。
あそび方	①幼児が、スタートラインの手前に立ち、「1〜5」の言われた数の友だちと手をつないで、グループを作り、早くゴールしたグループの勝ちとします。 ②ゴールラインに直角に並び、相談して次の「1〜5」の数を言います。 ③スタートラインの子どもたちが素早くグループを作り、ゴールを目指し、交代します。 ④転倒したら失格とします。スタートの時点で、子どもの間隔を広くとったり、遊びに慣れるまでは、手をつないで走る距離を短くしたりするなどします。また、友だちが転ばないように真ん中の子の走るペースに合わせて走ると、転倒を防げることも子どもたちに、伝えていきます。
留意点	・転倒によるケガを防ぐことを最優先にします。 ・グループを作る際に、いつも取り残される子が出ないよう、指導者が年齢によって課題をもたせる等、遊ぶ行程の中に工夫を入れます。例えば、髪をくくっている子を1人いれる、短パンの体操服の子を2人、入れる等…… ・3歳児でする場合は、転倒のリスクを避けるため、数を「1〜3」にして、安全に行います。
イラスト・画像	  

運動あそび	王様じゃんけんゲーム（親子バージョン）
あそびを通して育つもの（体力要素）	空間認知能力、瞬発力、持久力、敏捷性、スピード
準備するもの	スタートライン（1）
あそび方	①王様の親子を、数組決め、指定の位置に立ってもらいます。 ②王様以外の親子は、手を繋ぎ、スタートラインの手前に立ちます。指導者の合図で、一斉に王様のところへ走って行き、王様とハイタッチをしてから、子どもがジャンケンをします。ジャンケンに勝てば、王様と交代できます。負ければ、スタート位置へ戻って、再び王様のところへ走って行き、ジャンケンをします。 ③「終了」の合図が出るまで、繰り返します。終了時点で、王様の位置にいる親子を、讃えます。 ④1回戦は、走って王様のところへ行きます。2回戦目は、ケンケンや手押し車で行く等、移動のしかたに変化を加えます。
留意点	・王様とのジャンケンに負け、スタート位置に戻る振り向きざまに、他の親子と衝突しないよう、事前に安全について注意を促しておきます。 ・じゃんけんが難しい低年齢の子どもには、親が代わりにジャンケンをすることを予め伝えます。 ・王様だけでなく、女の子がいることにも配慮し、女王様やお姫様などの呼び方に変更してもよいです。
イラスト・画像	 親子で手を繋ぎ、王様のところへ走ります。  王様とジャンケンをして、負けた親子は、スタート位置に戻ります。  終了時の王様には、親が子を持ち上げて、「高い高い」をします。1回戦は1回、2回戦目は2回持ち上げます。

運動あそび	リズムに乗って、数字にアタック！
あそびを通して 育つもの （体力要素）	空間認知能力、瞬発力、持久力、調整力
準備するもの	数字カード（10）……1から10の数字を描きます（A4サイズ）
あそび方	ランダムに数字が出てくる手（指）あそびを用いて、全身運動にします。 曲例）NHK「おとうさんといっしょ」より『あそびたいそう（ゆび）』、わらべうた『いちにっさん にのしのご』 （歌詞：1、2の3の4の2の5、3、1、4の2の4の2の5） ①床に数字カードを並べます。 ※数字カードを横一列にしたり、円形にしたり、数字をランダムに並べると、変化がつけられます。また、数字カードを壁に貼るのも良いです。 ②曲に合わせて、歌詞に出てきた数字をタッチします。
留意点	・手あそびで、歌詞を覚えてから取り組むとスムーズに遊べます。 ・子どもの状況に合わせて、曲の速さを変えてあげると良いでしょう。 ・1人で取り組むことが難しいようであれば、2人で数字を分担することも良いでしょう。
イラスト・画像	

運動あそび	スパイ大作戦！ なわのわなに気をつけろ！
あそびを通して 育つもの （体力要素）	平衡性、巧緻性
準備するもの	なわとび（10）……ゴム、スズランテープ、毛糸などでも代用可能
あそび方	①廊下になわとびを蜘蛛の巣のように張り巡らします。 ※なわとびを壁や柵に括り付けられない場合は、保育者や子どもが持つと良いでしょう。 ②なわに触れないように、宝箱まで行きます。 ③物も自身もなわに触れないように、スタート地点まで戻ります。
留意点	・何回もチャレンジして、異なるコースを通ってみましょう。 ・宝物の形や重さが変わるとからだの使い方やコース取りが変わります。例えば、剣に見立てた長い棒や筒、大きい銅像に見立てた大きいぬいぐるみ、ティアラに見立てたカチューシャ等を宝物にすることもできます。
イラスト・画像	

運動あそび	ライン突破ゲーム
あそびを通して育つもの（体力要素）	敏捷性、協応性、空間認知能力、フェイント能力、ステップワーク
準備するもの	カラーコーン（8）　フラットマーカー（3）　ボール（3）
あそび方	①3つのボールのどれかを、指導者にタッチされずに取り、ゴールまでボールを運びます。 ②サッカーの要素を加えて、ドリブルで相手をかわし、ラインにボールを置きます。※ライン幅を島として、その2ｍ幅の中に止めれば、OKとします。 ③指導者と対決だけでなく、子どもたち同士で行うのもおもしろいです。
留意点	・ボール、相手、スペースを見て、動くようにします。 ・スピードや角度の変化をしかけて動くように注意させます。 ・積極的にしかけるよう促します。 ・観ることで、ボールを取るタイミングを判断する手がかりを学ぶようにします。 ・鬼への言葉かけもしていきます。
イラスト・画像	

運動あそび	走って、滑って、全身でかるた大会
あそびを通して 育つもの （体力要素）	持久力、瞬発力、調整力、バランス能力、空間認知能力、移動系 運動スキル
準備するもの	かるた……板ダンボールにて作成（A3サイズ） かるたの取り札を大きくすることによって、走ったり、滑ったり、 全身を使って取る運動あそびになります。
あそび方	①フロア全面に、かるたを配置します。 ②読み札を読み、取り札を取りに行きます。
留意点	・ひらがなが読めない子どもでも、絵や色で取れるような内容の 　かるたを用意すると良いでしょう。 ・取り札の枚数が少なくなったり、衝突の恐れがあったりする場 　合は、「クマ歩き」「クモ歩き」「ワニ歩き」等、移動スピードが 　遅くなる歩き方に変えると、衝突の可能性を低くします。 ・発展バージョンとして、チーム戦にし、作戦を立てると、協調 　性や社会性の育ちにつながります。
上から見た配置図	

運動あそび	こたつ鬼
あそびを通して 育つもの （体力要素）	瞬発力、敏捷性、空間認知力、判断力
準備するもの	マット（6）
あそび方	①ランダムにマットを離して配置します。 ②マットをこたつに見立て、足をマットの下に隠すように子どもたちに促します。 ③指導者がマットをめくって、足をこちょこちょすると言いながら、順番にマットをめくっていきます。 ④めくられたら、違うマットに逃げて、また、足を隠します。 ⑤③④を繰り返します。
留意点	・子どもの逃げるスピードが調節できるように、指導者のマットをめくるスピードを加減していきます。 ・近くに障害物がないように、マットを置く場所に注意します。できるだけ離すとよいです。
イラスト・画像	

運動あそび	フープ色鬼
あそびを通して育つもの（体力要素）	瞬発力、持久力、機敏性、移動系運動スキル
準備するもの	カラーフープ（5以上）……様々な色のフープを準備し、それぞれ5m以上、距離や間隔を空けて配置します
あそび方	①鬼役を1名決めます。 ②鬼は、「何色、どんな色」と、かけ声をした後に、1つの色を全員の子（鬼から逃げる役）に知らせます。 ③鬼は、色を言った後に、子を追いかけます。 ④子は、鬼が言った色のフープを目指して走り、フープの中に入ります。 ⑤鬼が言った色のフープの中にいる子に対して、鬼はタッチすることができません。 ⑥鬼は、子をタッチすると、タッチされた子と鬼が交代になります。
留意点	・大人数で行う際は、フープの数を増やしましょう。 ・子は、鬼がかけ声をする前は、フープから10m程度、離れて置きます。 ・子どもがフープに躓かないように、広いスペースで実施し、フープの配置は3m以上の距離や間隔を空けて置きましょう。
イラスト・画像	

運動あそび	ドリブル鬼ごっこ（足）
めそびを通して育つもの（体力要素）	巧緻性、敏捷性、バランス、協応性、空間認知能力
準備するもの	ボール（人数分）
あそび方	①子どもたち同士が間隔を取り、ボールを1つずつ持ちます。 ②指導者が鬼となり、「スタート」の合図をかけます。子どもたちは、ボールを足でドリブルしながら進みます。 ③指導者が「ストップ」と合図をすれば、子どもたちはすばやく片足をボールに乗せてバランスを取り、止まります。 ④指導者は止まれていない子どもをタッチします。タッチされた子どもは鬼となり、「スタート」「ストップ」の合図で、タッチをしていきます。 ⑤くりかえします。
留意点	・十分な広さの空間で、子どもたち同士の距離や間隔を十分に取ってから実施します。 ・ボールの上に乗り、転倒しないように、事前に止まる練習を行います。 ・ボールが足元から離れ、転がってしまった際に、急いで取りに行って衝突しないよう、言葉かけを行います。 ・人数に応じて、鬼の数を増やします。その場合、合図を出す鬼を指定しておきます。
イラスト・画像	 「スタート」　　　「ストップ」　　　止まっていなければ、タッチ可能

運動あそび	ドリブル鬼ごっこ（手）
あそびを通して 育つもの （体力要素）	巧緻性、敏捷性、バランス、協応性、空間認知能力
準備するもの	ボール（人数分）
あそび方	①子どもたち同士が間隔をあけ、ボールを1つずつ持ちます。 ②指導者が鬼となり、「スタート」の合図をかけます。子どもたちは、ボールを手でドリブルしながら進みます。 ③指導者が「ストップ」と合図をすれば、子どもたちはボールをすばやくキャッチし、止まります。 ④指導者は止まっていない子どもをタッチします。タッチされた子どもは、次の鬼となり、「スタート」「ストップ」の合図とタッチをします。 ⑤くりかえします。
留意点	・十分な広さの空間で、子どもたち同士の距離と間隔をあけて実施します。 ・ボールが手元から離れ、転がってしまった際には、急いで取りに行き、衝突しないよう、声かけを行います。 ・人数に応じて、鬼の数を増やします。その場合、合図を出す鬼を指定します。
イラスト・画像	 「スタート」　　「ストップ」　　止まっていなければ、タッチ可能

運動あそび	フープリレー（3種類）
あそびを通して育つもの（体力要素）	巧緻性、協応性、空間認知能力
準備するもの	フープ（1チームに1つ）
あそび方	①人数が同じになるようにチームをつくり、チームごとに1列に並びます。子どもたち同士が間隔を取り、列の先頭の子はフープを持ちます。 ②指導者の「スタート」の合図で、先頭の子はフープを上からくぐり、次の子にフープを渡します。最後尾まで続けて行います。1番速いチームが勝ちとなります。 ③2種目のリレーは、下からくぐって、同様に進めていきます。 ④3種目は、チームで1列になり、手をつなぎます。指導者の「スタート」の合図で、手をつないだまま、端から端へとフープを送っていきます。
留意点	・十分な広さの空間で、子どもたち同士の距離と間隔をあけて実施します。 ・通し方を間違えないよう、練習を行った後、競うと良いでしょう。 ・3種目のリレーで、フープが首に引っかからないように注意します。 ・人数が合わなければ、指導者が入ったり、終わった子が列の後方に並び直し、もう1度行う等の工夫をします。
イラスト・画像	3種目のフープリレー 手をつなぎ、1番端の子がフープを持つ  手を離さぬよう、反対側まで運ぶ

運動あそび	パフリングあそび
あそびを通して 育つもの （体力要素）	スピード、瞬発力、巧緻性、協応性
準備するもの	フープ（チーム数）……スタート地点におきます コーン（チーム数） リング（チーム数×20くらい）……タオルを輪にしたもの
あそび方	①子どもはパフリングを1つもちます。 ②頭にのせてバランスをとったり、上に投げてキャッチしたり、足にかけて、ケンケンをする等して遊びます。 ③3〜4つのチームに分かれます。 ④フープの中からスタートし、リレー形式で遊びます。 ⑤合図の音で、フープがあるところまで走り、1つとってフープをコーンに入れます。 ⑥笛の合図で終了し、一番高く積んだチームの勝ちとします。
留意点	・友だちとの距離や間隔を十分にあけます。 ・積みあがって、バランスが崩れ、落ちたら、そのままにし、次の子が続きから行います。 ・室内でも戸外でも遊ぶことができます。
イラスト・画像	   

運動あそび	回転なわとび		
あそびを通して 育つもの （体力要素）	瞬発力、筋力、リズム、身体認識力、空間認知能力、移動系運動スキル		
準備するもの	短縄（1）		
あそび方	①短縄を2つ折りにして片手で持ちます。 ②2つ折りした縄を地面に沿って、360度回転させ、子どもがジャンプして跳び越えます。		
留意点	・ぶつからないよう、一人ずつ跳びましょう。 ・子どもの様子を見ながら、回転速度を調整しましょう。 ・周囲にぶつかるものがないかを確認してから行いましょう。		
イラスト・画像	  		

運動あそび	ネコとネズミ
あそびを通して 育つもの （体力要素）	敏捷性、瞬発力、判断力、協調性
準備するもの	長縄（1）
あそび方	①長縄の両端をくくり、円形にします。 ②「ネズミ」チームとネズミをネコから守る「おうち」チームに 　わかれます。おうちチームは、長縄のパラバルーンをつかむよ 　うに持って、ネズミチームは、その縄の中に入ります。 ③指導者がネコ役になって、縄の中に入ろうとするのを、おうち 　チームが縄を上下させて、中に入れないようにします。 ④もし、ネコに入られたら、中にいるネズミを上手く逃げさせま 　す。③④を繰り返します。
留意点	・子どもの縄を上げたり、下げたりするスピードを、指導者が上 　手く調整していきます。 ・急がせすぎると、縄が逃げる子どもに引っかかって転ぶことが 　よくあるので、指導者の中に入るタイミングや追いかけるス 　ピードを対象児の年齢レベルに応じて加減します。
イラスト・画像	

運動あそび	目標に向かって
あそびを通して 育つもの （体力要素）	協応性、筋力、巧緻性
準備するもの	巧技台（複数）　　コーン（複数）　　ボール（複数）大小
あそび方	①コーンや巧技台などを組み合わせます。 ②穴に入る様々な大きさのボールを準備します。 ③投げる位置にフープや巧技台などをおきます。 ④ボールを選び、目標に向かって投げて、穴に入れます。 ⑤ボールが入る入れ物、箱を園内のいろいろな物を探して組み合わせます。子どもたちがアイデアを出し合って、組み合わせます。 ⑥他の年齢児と遊ぶときには、子どもたちの投能力を考えて、箱までの距離と投げる位置を決めます。
留意点	・順番に並び、友だちの投げている様子を見て、応援します。 ・異年齢児とも遊ぶことができるよう、子どもたちに考えさせます。 ・箱や入れ物など、ボールが入る物を園内から探して持ち寄ります。
イラスト・画像	

運動あそび	板ダンボールでお城つくり
あそびを通して 育つもの （体力要素）	巧緻性、社会性、操作系スキル
準備するもの	板ダンボール（50）……A3サイズ
あそび方	①板ダンボール2枚の一辺を合わせて、たくさんの三角を積み重ねて城をつくります。 ②城が崩れないように、三角の空間にボールを投げて通して遊びます。 ③ボールを城に当てて、城を崩します。
留意点	・子どもが組み立てることが難しい場合は、指導者が手本を見せて見通しをもたせましょう。 ・ダンボールの並べ方や向きを工夫することで城の強度が変わります。 ・誤って崩してしまった子を他の子が責めないように、前向きな言葉がけをしましょう。
イラスト・画像	

運動あそび	レベルアップ・エンドレスゲーム
あそびを通して育つもの（体力要素）	協応性、巧緻性、身体認識力、空間認知能力、操作系運動スキル
準備するもの	ボール（各1）……1人1球、ボールを保有します。コーン（3）……3種類の色のコーンを用意し、目標物として使用します。 フラットマーカー（3）……スタート位置として使用します。
あそび方	①レベル1からスタートします。 ②フラットマーカー（スタート位置）から、コーン（目標物）に向けて、ボールを投げる。投げたボールは、自分で拾い、コーンに当たった場合、ボールを持って、次のスタート位置に向います。 ③ボールがコーンに当たれば、次のレベルに進み、ボールがコーンに当たらなければ、レベルアップできません。レベル1で失敗した場合は、レベル1で再度（2）を行います。レベル2〜3の場合は、失敗すれば、レベルダウンして、②を行います。 ④レベル3を達成したら、1セットを終えたこととし、レベル1から再スタートします。
留意点	・フラットマーカー（スタート位置）を、3m間隔で一列に置きます。 ・レベル1のコーン（目標物）は、スタート位置から3mの位置に置きます。レベルが上がるごとに2mずつ距離を伸ばして、コーンを置きます。 ・ボールを拾い、スタート位置に戻る時は、友だちと衝突しないように、気をつけます。 ・バリエーションとして、レベルごとに、ボールを転がす、ボールを蹴る等、ルールを設定しても良いです。
イラスト・画像	

運動あそび	ボール減らし競争 （対象年齢：3歳～小学校低学年、人数：8人以上）
あそびを通して 育つもの （体力要素）	協応性、持久力、調整力、操作系運動スキル（投動作の獲得）、空間認知能力
準備するもの	玉入れの玉（紅白各30）……カラーボールやゴムボールでもよい。
あそび方	①ホールや教室を2分して、赤チーム陣地と白チーム陣地を決めます。 ②各チームの陣地内にチームと同色の玉を巻きます。 ③スタートの合図で、相手チームの陣地に玉を投げ入れます。 ④終了の合図までに、自チームの陣地の玉を減らし、相手チームの玉を増やします。 ⑤終了時に陣地内の玉が少ないチームの勝ちです。 ※慣れてきたら、少しずつ大きいボールに変えていくと良いでしょう。
留意点	・はじめは、紅白の玉に得点差は付けずに取り組むと良いでしょう。 ・慣れてきたら、児童に対しては、自チームの色の玉は2点、相手チームの色の球は1点と得点差を付けると作戦も変わってきます。 ・投げる際は、陣地の境界まで走ってきて、なるべく遠く、相手チームが取りに行きにくい場所に向けて投げましょう。 ・走って来て遠くに投げること、ゲームの中で夢中になって数多く投げることで、「投げる動作」の発達段階がパターン1～3の子どもが、パターン5へと変化していくのが、ゲームの中で観察できます。
イラスト・画像	

運動あそび	りんご集め競争
あそびを通して育つもの（体力要素）	瞬発力、敏捷性、スピード、持久力、空間認知能力
準備するもの	マット（2）……マット2枚を5〜10mほどの距離をとって1枚ずつ置き、陣地して使います。 ボール（20）……玉入れ用の玉、お手玉、テニスボールでも可。りんごに見立て、マット間（中央）に散らして置きます。
あそび方	①2チームに分かれ、チームごとに自分の陣地のマット上に立ちます。 ②スタートの合図で一斉に走り出し、中央のボールを1つ取って、自分の陣地（マット）に持ち帰ります。ボールをマット上に置き、再びボールを取りに行きます。 ③中央のボールがなくなったら、相手チームのマット上のボールを取りに行きます。終了の合図があるまで、繰り返します。 ④終了の合図時に、マット上に保持しているボールの数で競います。
留意点	・他の子どもと衝突しないように、ボールをまばらに散らしておきます。 ・ボールは、1つずつ取るように、予め注意を促しておきます。 ・ボールを取った振り向きざまや子ども同士ですれ違う際に、衝突しないよう、常に友だちの行動に気を配り、声をかけます。 ・ルールの理解が難しい子どもには、手を繋ぎ、いっしょに動きながら説明をします。
イラスト・画像	 2チームに分かれて用意をする  走ってボールを取りに行く  相手チームのボールを取る 自陣にボールを置く

運動あそび	ボールとコーンのかくれんぼ競争
あそびを通して 育つもの （体力要素）	持久力、調整力、識別能力、空間認知能力
準備するもの	カラーボール（50〜100）……赤、青、黄、緑など ミニカラーコーン（20）……色は、カラーボールと同色とします。
あそび方	①フロア全面にカラーボールを転がし、ミニカラーコーンを倒した状態でランダムに置きます。 ②参加者の2／3名程度が、カラーボールをミニカラーコーンで隠します。 ③残りの参加者が、ミニカラーコーンを倒して隠されたボールを出します。 ④ボールを隠すことと、ボールを出すことをそれぞれ続けます。
留意点	・子ども同士の衝突をなくすために、はじめは参加者を少なくして、ボールやミニカラーコーンの数を増やすと良いでしょう。 ・子どもには、衝突を避けるために周りをよく見るように、注意喚起が必要です。 ・発展バージョンとして、カラーボールを隠すミニカラーコーンをボールと同じ色にすることで、難易度が上がります（例：赤のボールは、赤のミニコーンで隠します）。
イラスト・画像	

運動あそび	トンネルボール転がし
あそびを通して 育つもの （体力要素）	協応性、瞬発力、敏捷性、巧緻性、スピード、空間認知能力、操作系運動スキル
準備するもの	ボール（1）……列のいちばん後ろの子が持ちます。 フラットフープ（1）……スタート位置（先頭の足元）に置きます。
あそび方	①3人で縦一列に並びます。前から2人は、足を広げて立ち、3人目は、ボールを手で持ちます。 ②2人の足の間を通すように、3人目は、後方からボールを転がします。 ③足の間をボールが通った瞬間に、先頭の子は、ボールを追いかけて取りに行きます。取ったボールを持って、列の最後尾に並び、①～③を繰り返します。 （4）バリエーションとしては、列を増やしてリレー形式にする、列の人数を増やす、足でボールを扱う等があります。
留意点	・ボールが上手く足の間を通らない時は、足の幅を広くする、並んでいる列の間隔を狭める等、工夫するように、言葉をかけます。 ・ケガ防止のため、ボールが転がる先には、何も置かないようにします。 ・リレー形式で行う際は、隣のチームと衝突しないように、各グループとの間隔を十分にとり、予め注意を促しておきます。
イラスト・画像	ボールを足に当てないように、立っている子の足の間を転がす。　ボールが足の間を通過したら、先頭の子はスタートする。  走ってボールを取りに行く。

保育現場の挑戦
「食べて、動いて、よく寝よう！」

1．作陽保育園で取り組むようになった経緯

・1992（平成4）年、有木が作陽保育園園長として赴任。保育現場での子どもの様子を見ていると、朝から「疲れた！遊びたくない!!」等と、元気よく登園できない、子どもらしさに欠ける園児の姿が目についた。

・保育園内で会議を進めていくが、どのように改善すればよいのか、保護者指導はどのように行うのが効果的なのかがわからなかった。

・会議を進めていくうちに、保育現場で気づいたこと、改善することについては、しっかりしたデータに基づいて園児の指導・保護者啓発・保育士の資質向上をしていくべきではないかということになった。

・1996（平成8）年、以前より、懇意にしていただいていた「倉敷市立短期大学　前橋 明先生」に相談した。

・1996（平成8）年より園内において「前橋 明先生」を招いて、保育園の園児の状況などを話し、改善策についての研修を行う。

★1996（平成8）年、作陽保育園園児の問題点について
　①　朝食欠食児増加の状況
　②　徒歩通園児が少ないための歩数が少ない
　③　基本的生活習慣が確立していない
　④　戸外あそびの減少
　⑤　体力測定の実施・健康チェックへの取り組み
以上、前橋 明先生にご指導いただきながら、対策を検討した。

★職員研修として
　①　園内の職員全員を対象として、「園内研修グループ」を作成した。
　②　6つの研修グループを作った。
　　　「食育」「健康」「あそび」「絵画」「音楽」「読み聞かせ」
　③　6つの研修グループは、月1回、午睡時間（13時〜14時15分）を活用し、自主勉強会を行った。

④　グループ内での課題については、毎年、年末（12月28日～30日）に来園してくださる前橋 明先生との勉強会で検討した。

⑤　各グループでまとまった保育内容については、「日本幼少児健康教育学会」「日本幼児体育学会」「日本乳幼児教育学会」「すこやかキッズ支援全国セミナー」「日本食育学術会議」等において発表した。

⑥　前橋 明先生監修の「すこやか通信」をはじめ、他に投稿した。

⑦　研修会・講習会を開催した。

とくに「食育」「健康」「あそび」というグループについては、園児の日々の登園の様子、毎日のあそびへの参加状況を中心に記録を取りながら取り組むことにした。

2. 食育活動

（1）朝食摂取の重要性

作陽保育園に通園している子どもたちの中に、朝から元気よくあそびに参加できない、不機嫌な状態で生活を送る、給食の時間になると、かき込むように食べる、という子どもたちの状態を目の当たりにしていた。子どもたちの食生活は、どのように変化してきているのか？バランスの良い朝食を食べて登園できているのだろうか？という疑問を職員間で抱き、1996（平成8）年度に保育園に通う3～5歳児の保護者を対象にアンケート調査を実施した。その結果、朝食を摂取していた園児は、64.1％という結果であった。この結果に衝撃を受けた職員は、前橋 明先生のご指導のもと、園内に食生活グループを設置して、園内の子どもたちの実態把握、子どもや保護者への啓発活動を始めることとした。

エピソードとして、子どもたちの朝食の内容を、園児の連絡帳で確認していたが、連絡帳への記入のできない保護者がいた。再三、保護者には連絡帳の必要性について話していたが、記入する日がほとんどなかった。そこで、園児に朝食内容を口頭で尋ねてみると、「パンだけ」「ジュースだけ」という日が多かった。朝食の量が足りていないこともあり、給食はおかわりをして食べてい

ることもあった。保護者も、「朝は忙しいから、すぐに出せる物を用意している」と話していた。このことについて、園内の食生活グループで話し合い、参観日に、クラスで行う保育内容を、三大栄養素を使った朝食チェックカードの作成、その後、保護者対象の講演会を実施し、朝食摂取の大切さについて、保護者自身も学ぶ時間を作った。講演後は、親子会食として、和食中心の朝食メニューになっている給食をいっしょに食べることで、朝食摂取の必要性を知ることはもちろんだが、バランスの大切さについても知る時間を親子で経験できるようにした。子どもの朝食に主食のみを用意していた保護者も、参観日の講演を聞き、「バランスよく朝食を作ることが大切だとわかった」と話していた。くり返し、保護者には啓発していくことが重要であると改めて感じた。また、4・5歳児を対象に、親子クッキングを行い、様々なテーマを決めて親子で食に関心がもてるように、保育内容を工夫した。

　その後も、朝食に関する調査と指導を続け、全園児が参加する入園式で、朝食の大切さについて職員劇で紹介したり、毎月発行する給食便りで啓発を行っていった。その結果、1999（平成11）年度には、97.1％の園児が朝食を摂取するという結果がみられた。くり返し朝食摂取の重要性を訴え、摂取してくるという点においては、指導の成果があったものと考えられた。

　しかし、朝食の内容を調べてみると、1998（平成10）年度には、主食のみといったバランスの悪い朝食を摂取している3〜5歳児の割合が25％いた。年度が替わっても、朝食の内容についての指導が、園児のみならず、保護者にも継続的に必要であると感じた。そして、バランスの良い朝食パターンを図式化して保護者や子どもたちに伝えたり、各種のたよりで啓発したりしたところ、1999（平成11）年5月には、バランスの悪い朝食を摂取している3〜5歳児の割合が12.3％に減少した。保護者対象に実施していた給食の試食会で、朝食メニューの紹介を行ったことも、成果の一つではないかと考えた。

　幼児の食生活は親に依存しているため、親の意識に左右されていると言われているように、保育園に通っている保護者は朝の忙しい時間の中で子どもの身支度の準備をし、朝食を食べさせてから園に登園させており、保護者が朝食準備にかける時間も、15分未満が約6割であると回答した。子どもに朝食を食べ

させないといけないことは理解しているが、その内容は重視していない保護者が多く存在することからも、３食をバランスよく食べること、その中の朝食の内容を充実させることの保護者支援は、今後も課題であると感じている。

（2）野菜栽培を通して

　幼児期から「食」に関心をもたせるためには、自分で「野菜の栽培」「収穫」の経験も大切でないかと保育園の畑やプランターを活用しながら、季節の野菜を栽培することにした。ミニトマト、ナス、キュウリ、ピーマン、ゴーヤ、さつまいも、大根など、身近に栽培できるものに挑戦した。親子クッキングを実施するときには、子どもたちが園で栽培した野菜を使ってクッキングを楽しむようにした。自分たちが栽培、収穫した野菜を使っていることで、子どもたちは、栽培していた時の様子や収穫した時の喜びを保護者に笑顔で話しながら、クッキングに取り組めるよい時間になっていたと思う。

（3）バイキングステーションの活用

　年中児からおひつを使用して、自分のご飯をよそっているが、おかずは給食室で配膳を行っている。子どもたちが食事を楽しみ、喜んで食べられるよう、バイキングステーションの活用も行った。子どもたちは、レストラン気分でバットを持ち、友だちと列に並んで、自分でご飯、おかずを皿に盛り付ける。いつもと違う給食の雰囲気に、自分の番はまだかと、子どもたちの目は輝いていた。

　年中児の事例として、三色丼の具材のせに挑戦した。「先生、卵も？」「お肉、これだけ？」「にんじん、好きじゃけん（だから）、いっぱいのせてみよ〜」と、いろいろと考えながら盛り付けをし、個性がみられた。苦手な野菜も、自分で盛ることで楽しみが加わり、食べてみようという意欲にもつながっていた。

3．体力、運動能力の実態

（1）戸外あそび減少の背景

　子どもの実態として、テレビやビデオ視聴、ゲームへの依存が高く、室内あそびの増加に伴い、戸外あそびが減少し、「からだを動かさない」生活が多くなってきていた。また、積極的に他者とのふれあいをもたないという人とのかかわりの希薄さや、保護者中心の生活リズムによる幼児の生活の夜型化が懸念されていた。保育界全体でみても、「元気がない」「無気力」と感じる子どもたちが増えてきたことが問題視されていた。

　社会的問題から子どもの生活環境を考えると、親子とも楽しめる遊園地やアミューズメントパーク等の娯楽施設が次々に増加し、自然とのふれあい、人とのかかわりのある心を育てる「あそび場」が減ってきた。また、近隣の人とのコミュニケーションをとらない生活が多くなり、子どもの遊び相手も限定されてきた。

　実際に、作陽保育園の子どもの実態としても、徒歩通園の減少がみられ、保育園周辺に住んでいる子どもたちも、車で行き来している現状であった。また、姿勢を保てない子どもが増えており、疲労感を抱えていたり、体力のなさを感じることが多くあった。

　保育園に通う子どもの特徴として、保育サービスの充実に伴い、保護者の就労による保育時間の超過が要因となり、帰宅後の外あそびが減少し、家庭での過ごし方にも少なからず影響を与えている。

（2）歩数減少の実態

　生活リズムの乱れや体力、運動能力の低下など、子どもの抱える問題を感じはじめ、前橋 明先生のご指導のもと、1996（平成8）年から健康チェック（体温、歩数、握力、朝食内容などの実態把握）を行い、子どもたちの抱える問題を数値化し、職員間で保育実践における現時点での課題を共通理解できるようにした。「遊ばない、遊べない」子どもが増えていると言われる中で、作陽保育園でも、1日の歩数が5,000歩台に減少しているという実態を把握した。こ

のような実態がある中で、一人ひとりのすこやかな育ちのために保育園ででき
ることを考え、体力向上をかかげて取り組み、身体活動量を確保するための保
育の見直しを行い、1日10,000歩を目標に戸外あそびに力を入れることとした。
10,000歩の目標を達成するために、様々な運動あそびに積極的に取り組むよう
にしていった。

（3）体力向上のために取り組んだ運動あそび

　〇戸外あそび……天気の良い日は積極的に外でのあそびを推奨

　　　・朝のあそび（8：30〜9：15）の充実　　体操、サーキットあそび

　　　・午後あそび（15：30〜17：00）の充実　　異年齢児とのあそび

　〇園外散歩

　　　・週1回（月曜日9：15〜）の山登り……所要時間を計測

　　　　　保育計画の見直し：月曜日朝に取り入れた意図

　　　　　安全面への配慮→　生活リズム立て直しへ

　　　・四季の変化を感じながらの体力づくり

　〇作陽保育園独自に作成した運動プログラム

　　　・発達年齢に合った運動の提供（各年齢の応じたプログラムの作成）

　　　・平衡性、協応性、持続性、瞬発力など、バランスよく取り入れた内容

　〇講師による運動あそび……講師からおのおの運動の基礎を教わり、日頃の
　　　　　　　　　　　　　　保育で生かす

　　　・サッカー

　　　・体育指導（マット運動、跳び箱、縄跳び等）

　　　・スイミング

　　　・ティーボールあそび

　〇親子ふれあい体操

　　　・週2回（火曜、金曜日16：30〜17：00）

　　　・発達年齢に合った親子体操の提供（乳児向け、幼児向けの内容）

　　　・親子のふれあいの場

4．健康チェック、体力・運動能力測定を通じた
　一人ひとりの発達に即した保育実践

　幼児の成長・発達に伴い、作陽保育園では幼児の健康管理と健康プログラムの計画に努めてきた。そのための生活調査や健康チェック、体力測定を実施し、一人ひとりの発達に即した保育実践を行ってきた。そのプログラムの趣旨に沿って、まず園児の身体発達の実態について把握することが基本的な事柄であった。

　1996（平成8）年より、前橋　明先生にご指導をいただきながら、5歳児、4歳児、3歳児の園児対象に健康調査ならびに運動能力テストの実施を行った。幼児の経験・体験を通して体力と運動能力を身につけていくためには、まず子どもたちが保育園で元気に活動できることが基本である。園生活時間内における園児の活動量を把握することが重要であると考え、園児の活動量を把握するとともに、心身の状況を表す指標として、保育者が評価する元気さチェックと体力指標である握力値（両手握りでの握力測定）を取り上げた。いわゆる健康チェックを実施することとした。

　登園時（午前9時）に園児の腰部に歩数計を装着し、体温、握力を測定し、午前中の活動終了時（午前11時半ごろ）に、歩数（9：00〜11：30）、体温、握力を計測し記録する。降園時（午後4時）に歩数（9：00〜16：00）、体温、握力を計測し記録した。その他にも、登園時刻、前日の就寝時刻、当日の起床時刻、朝食摂取の有無、排便の有無、保育者の評価する元気さチェック等の項目もあわせた「健康チェック」を実施した。

　健康チェックの計測・集計結果から、園児一人ひとりの生活リズムや朝食摂取状況、排便の有無、そして一日の活動量など、前橋　明先生に指導いただきながら、有木園長はじめ主任・保育士・栄養士・看護師も含め園内研修を実施し、各種項目にそって園児一人ひとりの実態を把握し、個々の状況に応じた保護者の方への改善へ向けての言葉がけ等、保育者からの働きかけが明確となっていった。また、園児の1日の活動量も把握でき、保育内容での活動の計画、個々へのあそびへの働きかけや手立てをする指標ともなった。子どもたちの健

康生活を保障するためには、子ども中心の生活スタイルを確立し、親子いっしょに正しい生活リズムを身につけることができるように、保護者に対しての啓発・指導が重要であると感じた。入園式や参観日、個人懇談、園児の送迎時など保護者と直接話ができるときに個々の子どもの状態を知らせていき、少しでも改善につながるよう、事例をあげての具体的な言葉かけを行った。

　また、年３回（５月・11月・２月）に、５歳児・４歳児・３歳児対象に体力・運動能力測定を実施した。同時に保護者にも協力いただき、生活実態調査も実施した。体力・運動能力テストの項目は、25ｍ走・ボール投げ（テニスボール）・跳び越しくぐり時間・立ち幅跳び（両足ふみ切り）・ボールキャッチ・片足バランスの６種目であった。体力・運動能力測定の実施は、個々の子どもたちの体力実態が把握でき、運動面の発達が助長できるような個人計画を立てることが可能となった。さらに年間を通じて定期的に行うことにより、保護者にも子どもたちの身体的な発達がわかっていただけた。

　保育園でも保育内容の見直しを行い、登園時の朝の活動で、保育者が子どもたちといっしょにマラソンごっこや体操、鬼あそび、大型遊具や可動式遊具などのあそびを取り入れたサーキットあそびを毎日取り入れたり、保育者が積極的にあそびの中に参加するように努めた。年長児は、朝の活動前に近隣の「石山」（勾配のある山道有り）への散歩も取り入れた。戸外あそびの奨励と時間の許すかぎり、とくに午後の戸外あそびの充実を図り、１日10,000歩以上の活動量を目標とした保育内容を計画し、実践した。

　子どものもっている能力を発揮するためには、外部の刺激が必要不可欠であり、その中で一番に身近で援助ができるのは保育者ではないだろうか。保育者の言葉がけや働きかけ、環境設定によって、子どもたちの活動に参加する意欲や継続性、また、集団あそびを行う中での仲間、友だちとのかかわりの中から、助け合い・思いやり・励まし等、運動能力だけでなく、社会性や思いやりを身につけるきっかけにもなるのではないか。

5．保護者啓発の取り組み

（1）すこやかキッズカード

1）保護者のコメント

　作陽保育園では、日々の子どもの健康チェックや連絡ノート（写真１、２）のやりとりを通して園児の睡眠のリズムや朝食摂取、朝の排便の有無などの実態を把握してきた。保護者は、連絡ノートの記入や健康チェックの取り組みに対して、「朝の検温が大変だった」「出勤前で忙しいのに……」という意見もあった。５歳児クラスの連絡ノートに、朝の体温を記入できるようにしている。保護者は、連絡ノートに日頃の育児の悩みを記入すると保育園からの欄にコメントがあり、園での様子を知ることができる。

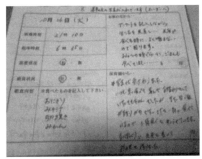

写真１　３歳児クラス連絡ノート

写真２　５歳児クラス連絡ノート

2）すこやかキッズカード作成

　３歳児、４歳児、５歳児を対象に、年間３回の体力測定、毎日の健康チェックをまとめ、そこから見えてきた問題点などを職員間で話し合い、前橋 明先生の指導の下、すこやかキッズ体力研究会の生方直也先生にご協力いただき、2005（平成17）年度から「すこやかキッズカード」を作成した。一人ひとりの個人的なデータなので、個々の発達がよくわかり、保護者からも「具体的で子どもの実態がよくわかった」「家での生活にも気をつけていきたい」という声が聞かれた。子どもたちも、「早く寝ないといけない」「朝ご飯を食べたらにっ

こりマークになった」「にこにこマークがいっぱいほしい」という気持ちがもてるようになっていった。データから得られた子どもの優れている点、改善が必要な点などが具体的に表記され、顔マークやイラストでわかりやすく評価されていたことで、親子で具体的な目標をもって取り組める指標となっていった。毎朝の検温実施に対して苦情を言っていた保護者も、一人ひとりの園児の実態について個人懇談でデータを返却し、園児の実態を話すうちに問題点が見えてきて、保護者の方々の協力を得ることができるようになっていった。

　そして、この「すこやかキッズカード」は、卒園式の日に、3年間で成長した証として、3歳児当初と卒園前のデータの比較をして保護者に返すようにしたことで、保護者に大変喜ばれた。保育園として、くり返し子どもたちの生活リズムの大切さを啓発したことで、少しずつだが保護者の意識も良い方向へと変化していった。

（2）保護者への講演会実施

　保護者支援のねらいとして、保育園において保護者の方々も、子どもといっしょに活動できる場を提供するために参加型の参観日を計画・実施した。実際に親子でふれ合える場として、「親子体操」「親子クッキング」「レクリエーションあそび」等を行った。そのような中で、日ごろの悩みを抱える保護者に、子育てについて保護者同士や保育士を交えての意見交換ができる環境の設定も行った。また、具体的に方向性を見いだすきっかけとして、年間を通してテーマを「食育」「生活リズム」「子育て支援」「運動あそび」等、専門的分野の講師を招いての講演会（写真3、4）を行った。参観日の日程の中で、全保護者が講演会に参加できる時間帯を設けた。

　保護者の中には講演会の時間になると席を外したり、外出したりと不参加の方もいた。その都度、日々の子どもの様子を伝えながら、子育てのヒントになる話が聞けるはずであることをくり返し個々の保護者に伝えて参加を促した。

　また、忙しい職種の保護者の方には、年間の中でとくにお子さんの様子にあったテーマの講演会の時には参加できるように早めに予定を知らせ仕事の調整をお願いして講演会への参加を促した。実際に講演を聞いた保護者は、日頃

写真３　生活リズムについての講演会

写真４　講演会参加者の様子

の生活を見直す機会になり、講演会に参加して良かったという声が聞かれた。母親の参加が多かった参観日であったが、父親への声かけに加え、参加型の参観内容も相まって少しずつではあるが、父親の参観日参加も増えてきた。そのため、父親の講演会参加、父親同士の意見交換の場も増えてきた。父母の会が中心となって父親学級も開催し、父親の育児参加も増え、母親任せとなっていた育児に父親が参加し協力して、いっしょになっての子育ての場面も増えてきた。

　保護者に向けて講演会を開催することで、保護者は、日頃自分が頑張っている子育てを認めてもらったり、子育てに疑問がある保護者は何かヒントをもらえる時間になるのではないかと考えた。また、講演会には保育士も参加し、保護者とともに共通意識をもち、日々の保育の手立てとしたり、保護者支援の参考にした。また、都合で参加できなかった保護者のために、講演内容をまとめ、講演会資料とともに配布して子育ての参考にしていただいた。講演会を通して、様々な分野の最新の情報や子どもの成長にとって必要なことを専門分野の講師から聞くことで、保護者自身が子育てに生かすことができるのではないだろうか。

（3）親子ふれあい体操の取り組み

1）親子ふれあい体操の実施

　親子のコミュニケーションが減ってきている現状の中で、保育園から発信できることの一つとして、家庭でのふれあいあそびの一環として「親子体操」の充実に努めた。

　取り組み当初は、親子の関わり、運動の場として「親子体操」を運動会の親子種目や保育参観日などの行事の中に取り入れた。前橋 明先生にご指導いただき、年長児親子、年中児親子を対象に「親子体操」を運動会種目として実施したり、保育参観日では各年齢に応じた親子のふれあいあそびを紹介したりし、親子ともども楽しさを味わっていった。運動会で取り入れた当初の頃は母親の参加が多かったが、毎年継続して実施していく中で、父親の積極的な参加が見られ始め、母親がビデオ撮影を行うようになり、役割を交代していく家庭が多く見られた（写真5）。

　日頃の生活の中での普及を目指して、週2回（火曜日・金曜日）の夕方（お迎えの時間を利用して）、親子でのふれあいの場の提供として、30分間の親子体操の取り組みを実施した（写真6）。当日参加自由のため、参加人数、参加年齢も多様であるため、職員2人で年齢に応じた体操を行ってきた。乳児向け、幼児向けの内容を考え、親子でしっかりからだを動かして過ごせる時間になるよう努めた。また、BGMを流して楽しく運動できる環境づくりも整えた。子どもとのふれあいが希薄になっている中、積極的にスキンシップの機会をもち、手軽に親子でからだを動かすことで、親子のコミュニケーションづくりと子どもの運動能力の向上に有効であった。

　親子ふれあい体操を実施している時の子どもたちの表情は何とも言えないほど、生き生きとして輝いていた。保護者の方からも「心地よい疲れ」「子どもの喜ぶ顔を見ると体操をして良かった」という声が聞かれ、母親中心の参加で

写真5　運動会での親子体操

写真6　降園前の親子体操

あったが、少しずつ父親の参加もみられるようになった。「子どもとのかかわりの仕方がわからず戸惑っていたが、少しずつすべきことが見えてきた」「家庭でスキンシップをとる時間が増え、子どもの笑顔が見られて嬉しくなった」「難しいことと思っていたが、遊具なしでどこでもできる。気軽にできるので、今後も続けていきたい」「わが子の成長を感じることができた」等の声が聞かれた。

2）親子ふれあいカレンダーの作成

親子での関わりの時間や場の充実として、園内で取り組んでいる親子体操を、各家庭においても気軽に実施してもらえるように、2016（平成18）年度〜2018（平成20）年度の３年間、「親子ふれあい体操カレンダー」を作成し、家庭内での親子ふれあいの機会を増やすよう啓発した（資料１）。作成にあたっては、前橋 明先生からご指導いただきながら、園内研修（健康グループ）で意見を出し合い、ふれあい体操の内容をわかりやすく紹介できるものにし、年度当初の入園式で全家庭に配布した。３年間でふれあい体操の内容を少しずつ変更したり、園内行事を加えたりと家庭に必要なものになるよう考えながら作成した。

カレンダーは、家庭で必ず目にするように、冷蔵庫やリビングに貼っていただいている家庭が多く、保護者からは「親子での楽しい時間になっています」「子どもにせがまれて行ってみる

資料１　親子ふれあいカレンダー

と、親も良い運動になります」「夜の運動はＮＧとかいてあったので朝出かける前の日課にしています」等の声が聞かれ、より積極的に子どもとの関わりをもってもらえる家庭が増えた。子どもからも「昨日、お父さんがしてくれた」「僕の家の冷蔵庫にも貼ってある！」等の声が聞かれ、カレンダーの配布は、家庭での親子ふれあい体操の普及に効果的であった。

さくようのこどもは

く（9）じまでにねて、7じまでにおきよう!!　　（寝る）

よくたべて　　　　　　　　　　　　　　　　　（食べる）

うんどうだいすきな　さくようっこ　　　　　　（動く）

　親子ふれあいカレンダーには、作陽
保育園の子どもたちの健康なからだづ
くりのキャッチフレーズを載せ、「食べ
て 動いて よく寝よう」の合言葉で保護
者啓発を行ってきた（写真7）。

（4）食育の取り組み

写真7　親子ふれあいカレンダーの紹介

1）給食試食会

　2004（平成16）年度には、保護者に対して、年に5回、子どもたちが保育園
でどのような給食を食べているのか、食育への関心をもってもらうために、試
食会を開き、保育士や栄養士とともに、園での様子や家庭での様子、また食に
対する悩みを話しながら、いっしょに会食をして過ごした。

　2006（平成18）年度の試食会では、第1回は「しっかり噛むことができる献
立」とし、第2回は「偏食しやすい食材を使った献立」（写真8）、第3回は
「旬の食材を使った献立」（写真9）、第4回は「カルシウムがしっかり取れる
献立」、第5回は行事食(2月の節分ランチメニュー)などを計画し、試食会の参
加を呼びかけた。「家庭でも作ってみたい」といった声や、給食だよりにレシ
ピをのせて下さいといった声もあり、翌月にのせて発行した。また、未入園児
の保護者を対象に、月1回試食会を実施した（写真10）。

　試食会の目的として、保育園の給食を食べることで、子ども向けの味つけや
調理方法を知ってもらい、家庭での食事づくりの参考にしてもらうことと、家
庭での食に関する質問・悩みに、園長、保育士、栄養士などが答えたり、必要
に応じて、幼児食、離乳食、病児食のレシピを配布したりしている。また、事
前にアレルギーの有無も確認し、食事対応も行っている。

写真8
試食会（偏食しやすい食材を使った献立）

写真9
試食会（旬の食材を使った献立）

写真10
園庭開放での試食会

　保護者が食生活に関心をもつことができるようにするためには、具体的な調理法や内容、子どもへの関わり方などを学んでもらうこと、さらに、調理の工夫やヒントを提案し、家庭における、バランスのとれた食事への配慮や努力をしやすくして、保護者の意識を前向きな方向に変えていくこと等の重要性を確認した。

2）弁当日の意義

　食育活動の一環として、毎月一回「お弁当の日」を設けている。保護者が作った弁当を持って園外に出かけて食べるのを楽しみにしており、朝から子どもたちの「今日、から揚げ入っとる」「ウインナーが入っとる」「果物イチゴなんで」という弾んだ声が聞かれていた。しかし、キャラ弁ブームにより、「今日のお弁当ピカチュウなんで」「私のはキティちゃん」等、中身は子どもたちの喜ぶキャラクター弁当が大半を占めていた。しかも、キャラクターに時間をかけて作る傍ら、おかずに関してはレトルト食品を使用し、子どもの好きなものに偏った内容が多く見られる傾向にあった。

　このように、本来の目的とは、異なる傾向がみられてきたので、子どもたちが喜んで食べた弁当や、わが子の年齢を考えて工夫をされている弁当、そして、栄養面や彩りを考えて作られている弁当（写真11）などを写真に撮り、保護者の方がよく目にする玄関にコメントも付け加え掲示していった。年を重ね、回を重ねていくうちに、子どもたちから「今日のお弁当、お父さんが作ったんで」という声がよく聞かれるようになったので、お父さんが作られたお弁当（写真12）もコーナーに加えていった。

写真11　栄養バランスの良いお弁当

写真12　父親によるお弁当

6．保育士の変化および保育資質向上に向けて

(1) 前橋 明先生との研修会・勉強会を通して、実践・実技指導・研究データ
を取り、データについて読み取るようになったことにより、職員一人ひとり
が自分の保育についての見直しを行うようになってきた。

(2) 実践していく保育内容について、集団での保育内容・一人ひとりの発達に
即した保育を考えて保育するようになってきた。

(3) 保護者に対しても、毎日の「連絡ノートへの記入」内容についても、一人
ひとりの発達を理解しての記入ができるようになってきた。

(4) 保護者からも「連絡ノートの記入」がいかに重要であるかということを理
解していただけるようになってきた。

(5) とくに園児一人ひとりの家庭環境の違い等を大切にした保育実践を心がけ
るようになってきた。

(6) 保育士自身、保育に対しての関心が深まり、課題を見つける力がつき、進
んで教材研究、資料作成を行うようになってきた。

(7) 一人ひとりの保育士が進んで「園内研修会での研究保育」を行うように
なっていき、保育士同士で保育論を戦わせることができるようになってきた。

(8) 前橋 明先生に助言をいただきながら「日本幼少児健康教育学会」「日本幼
児体育学会」「日本食育学術会議」などにおいて、「研究発表」「実践報告」
を行えるようになった。

(9) 毎年12月末には、1年間集めたデータ集計を前橋 明先生、石井浩子先生、泉 秀生先生の指導者と、職員一人ひとりがパソコンに入力・データ集計・その結果についての勉強会を行えるようになった。

　今回は、テーマである「食べて、動いて、よく寝よう」について、1996（平成8）年に作陽保育園でみられた実態をもとに、これまで取り組んできた保育実践、保護者啓発などについて振り返った。子育て支援をする保育園では、保育園内のみでしか遊べない、遊び方を知らない、バランスの良い食事が摂れない等、子どもの抱える問題はもちろんのこと、子育てに対する不安、悩みを抱えている保護者が多い。これまで、継続して子どもの生活リズム改善、体力・運動能力向上に努めてきた。また、食生活の改善に向けて取り組み、保育士の資質向上に努め、すこやかな子どもの成長を願い、保育を行ってきた。

　子どもたちの明るい未来のために!!

子どもに関するQ&A

Q 「夜、子どもがなかなか寝つかない」と悩む保護者へアドバイスをお願いします。

A 日中の身体活動量に問題はないでしょうか？　お子さんが未就園児の場合は、保護者が、午前と午後の運動あそびを大切にし、汗が出るほどの身体活動量を確保されるとよいと思います。一方、就学前施設に通っている場合は、園の先生にご相談し、日中の運動量を確認されるとよいでしょう。もし、運動量が足りていないようであれば、身体活動量を増やして、夜に疲れて眠りにつく習慣をつけることをオススメします。なお、就学前施設で、昼寝の時間が長すぎることが原因であるならば、少し昼寝時間を短くすることをお願いしてもよいかもしれませんね。

(小石浩一)

A 子どもが疲れていない可能性があります。そのため、休日は、日中に公園や家の前で、からだを動かして、親子でいっしょに汗をかくぐらい遊び込むことで、夜の早めの就寝につながると考えます。平日は、降園後に、公園に寄ったり、家の前で遊んだりして、少しの時間でも、外で遊ぶ習慣をつくることが大切です。あそび方は、公園の遊具で遊んだり、ボールやなわとび等の用具を使って遊んだり、散歩をしながら自然を見つけたり、追いかけっこをしたり等、親子で楽しく活動することが有効です。

(野村卓哉)

A まずは、寝つくことができる環境づくりが大切で、そのためには、光刺激を無くさないといけません。就寝前30分くらいになると、絵本の読み聞かせよりも、照明を消して、お母さんやお父さんが横でお話をする方がおすすめです。また、日中の運動も大切で、とくにゴールデンタイムである15時〜17時に外でからだを動かすことで疲れを感じ、夜にはぐっすり眠れるようになります。

(対馬広一)

A 3つ大切なことをお話します。1つ目は、「お子さんが入眠しやすい環境」にいるかどうかです。まず、お子さんが入眠しやすい環境を保護者の方が用意できているかを見直してみましょう。お子さんがスムーズに入眠するためには、部屋の明かりや周囲の音は消し、静かで暗い環境を用意してあげることが第一です。保護者の方が、部屋の明かりやテレビを付けたり、家事をして音を立てたりしながら「早く寝なさい」「どうして寝れないの?」と言っても、子どもたちにとって寝やすい

環境が用意されていなければ、うまく寝つくことができないのも無理はありません。まずは、保護者の方が、子どもたちが寝やすい環境を用意してあげることが大切です。お子さんが寝る時刻になったら、家中の明かりや音はいったんすべて消して、保護者の方もお子さんといっしょに寝床に入ることをお勧めします。お子さんの隣でストーリーテリングをしたり、連想クイズをしたり、一日の楽しかったことを振り返ったりしながら、お子さんが寝つくのを待ちましょう。テレビや仕事、家事など、保護者の方がしたいことは、お子さんが寝静まった後に行うようにするとよいですね。

　2つ目は、「寝床に入る時刻」です。幼児さんの心身の健やかな成長のためには、幼児であれば、夜間に10時間以上の睡眠時間を確保することをおススメします。10時間以上の睡眠時間を確保するためには、21時までには寝せてあげたいものです。21時にお子さんを寝せるためには、遅くとも30分前の20時30分までには寝床に入り、部屋を暗くして静かな環境でストーリーテリングや連想クイズ等が始められるようにするとよいでしょう。寝る前に絵本の読み聞かせをする方もいらっしゃいますが、絵本を読むためには部屋を明るくしなければなりません。部屋が明るいと、子どもたちの心と体が寝るモードに切り替わらないので、20時30分頃までには、絵本の読み聞かせを終了させ、20時30分から21時までの30分間は、部屋を暗くした状態で過ごせるとよいですね。

　3つ目は、「日中の運動」です。保護者の方が、お子さんが寝やすい環境をいくら用意しても、お子さんのからだが疲れた状態にないと、寝つくことが難しいです。そこで、大切なのは、日中の運動です。日中に、めいっぱいからだを動かして遊ぶことで、子どもたちは心地よい疲労感を得て、夜もぐっすり眠ることができます。特に、園庭や公園での、陽光を浴びながらの外あそびがお勧めです。保護者の方の時間が許すときは、園庭開放を利用したり、公園に足を運んだりして、積極的にお子さんを外で遊ばせてあげてほしいものです。　　　　　　　　　　　　（板口真吾）

A　子どもの健康・健全な成長を願うのであれば、前橋先生が常々お話しされている「早寝・早起き」を保護者が意識して、生活リズムの習慣化と日中の運動量の確保を図ることが一番良策と考えます。その他の方法として、子どもの就寝と合わせて親もいっしょに眠り、家事は早く起きて朝に行うようにする等の工夫をされている保護者さんもいらっしゃいます。　　　　　　　　　　　　（佐々木幸枝）

A　良い寝つきや質の良い睡眠には、適度な疲労が必要です。というのも、睡眠は疲労を回復するための休養だからです。疲労は、日中の肉体的および精神的活動によって生じます。まずは、日中の運動が適度な疲労を感じる量であるかを見直してみましょう。運動量を増やすとともに、他者（異学年や小学生、地域の様々な方々など）と関わることや自立心・思考力を育てるような精神的活動を入れるとよいでしょう。さらに、いつもとは異なる環境やいつもとは異なる仲間と遊ぶことも、精神的活動の量を増やしてくれます。その例として、新年度に新しいクラスや先生に慣れるまでは、運動量が少なくても子どもたちは疲労困憊し、いつもより早く寝ることやぐっすり寝ることがよくみられます。

　精神的活動を取り入れた運動あそびの例として、公園のぶらんこあそびの中に「ぶらんこ、次、貸して」というやり取りが多くあります。いつもいっしょに遊んでいる友だちに「貸して」というよりも、見知らぬ小学生に「貸して」ということの方が、子どもにとっては多くのエネルギーを消費する精神的活動になります。外あそびの際に、少し遠出をして初めての公園で新しい出会いや経験をしてみることもよいでしょう。ただし、子どもの新しい出会いや経験は、保護者や保育者にとっても子どもと同様に多くのエネルギーを消費する精神的活動です。子育てや保育は、大人も体力勝負です。子どもだけでなく、自身の健康や体力の増進を心がけましょう。

（石川基子）

A　子ども自身が就寝することを認識するように、寝かしつけのルーティーンを決めます（入浴後、家族で「おやすみなさい」の挨拶を交わしてストーリーテリングや子守唄を歌う等）。

・部屋の明かりを暗くして、子守唄を歌う、ゆったりした音楽を流す等して、寝る環境づくりをします。

・就寝前の過度な身体活動や強い光刺激のあるメディア視聴は、子どもの脳を活性化させしてしまい、就寝を妨げるので控えます。

・1日の体温リズムの中で、最も体温が上がり、効率よくからだが動かせる午後3時～午後5時のゴールデンタイムに外あそびを促します。可能であれば、早いお迎えの時には、ゴールデンタイムに公園や広場などで遊んでから帰宅しましょう。

・できるだけ、園から家まで、徒歩で帰ります。

（上里千奈）

Q 午睡の時間を減らしてほしい要望を時に聞きますが、適正な午睡時間はどのくらいでしょうか？

A 午睡が長すぎると、夜間の睡眠にネガティブな影響があります。では、なぜ昼寝が大切であるかを、まず、考えてみますと、①午前中に活動したことで、脳の疲労の回復させる、②情報を整理する、③記憶を定着させるために必要です。そのため、眠らなくても目をつむって休んだ脳温を下げることに意義あると言えそうです。遅くても午後３時頃からは、昼の活動が始められるように生活すると、生体のリズムに合った形で、とくに、一日で最も体温が高まる、子どものゴールデンタイムである15時から17時には、外あそびで身体活動量を高めることができ、体力もついてきます。したがって、昼食後の13時頃から休み、14時30分〜15時頃までには起こしたいものです。 (小石浩一)

A 午睡は、15時までには、起きるようにした方がよいと思います。それ以上の午睡は、夜の睡眠にネガティブな影響があるからです。午睡は、朝の活動で高まった脳温を下げる役割があるため、お子さんが眠気を感じているようであれば寝かせてあげ、体力がついてくると、寝かせなくても大丈夫になってきますが、脳温を下げるために、静かにからだを休めるか、静的な活動に誘い、15時には起きるようにすることを推奨します。 (対馬広一)

A 午睡時間は、年齢によっても違うと思いますが、目安として０歳乳児は１時間〜２時間半、１・２歳児は２時間前後、３歳以上児は１時間半〜２時間弱、年長児は１時間〜１時間半で、３歳以上児は、熟睡後、自律起床して、スッキリと目覚めていたら、再度入眠は促さないようにするとよいでしょう。 (佐々木幸枝)

A レム睡眠、ノンレム睡眠のリズムが約90分であることから、深すぎる睡眠にならないよう90分以内が適切と考えます。保育園では、13時から午睡に入り、14時20分頃から少しずつ起こし始めています。また、午睡の環境は、夜間とは違うので、カーテンを閉めて部屋を暗くしません。 (上里千奈)

Q 午睡中になかなか寝てくれない子どもがいるときの対処法はありますか？

A 眠りに必要とされるのは、①静けさ、②やすらぎ、③綺麗な空気と暗さ、導入は暗さです。では、なかなか寝てくれない子どもの原因を考えると、音や声でザワザワしていれば、静かな環境にすることを、明るすぎる場合は電気を消し、カーテンを閉めて暗くすることを、食事後で昼ごはんの匂いがするのであれば食事を早めに終える工夫や、部屋の換気をしてみるのはいかがでしょうか。午睡は、夜間の睡眠とは違い、午前中の活動による脳温を下げての疲労の回復、情報の整理、記憶の定着が主な目的のため、時には眠りにつかなくても目をつむって横になっているだけでも良いのではないでしょうか。もし、どうしても眠りにつけたい場合は、室内であれば抱きかかえての揺れを与えるとよいと思います。　　　　　（小石浩一）

A 無理矢理寝かせるのではなく、寝転がせたり、絵本やブロック、お絵かき等の静的なあそびを選んで取り入れたり等、からだを休めることを目的に対処することが大切です。　　　　　　　　　　　　　　　　　　　　　（野村卓哉）

A 午睡中に眠れないということは、朝の活動量の少なさが関係している可能性もあります。朝も太陽光を浴び、できれば、外でおもいっきりからだを動かす時間をつくりましょう。　　　　　　　　　　　　　　　　　　　（対馬広一）

A 午睡からの活動や降園～夜間の入眠までの生活を考慮すると、3歳以上児の午睡も時間の長短に関わらず、一定時間必要だと考えます。そのため、一人で入眠できない子は、たとえ3歳・4歳児であっても、心地よく入眠できるように傍について、頭や額を撫でながら小さな声で、二言三言、会話をしながら、トントンして安心して眠れる環境をつくります。急かさず、真心を込めて続けると1週間くらいで自ら入眠できるようになります。0歳児であっても、"早く寝て"と、思いながらトントンすると、ぐずぐず言ってなかなか寝付いてくれませんから、幼い子であっても、以心伝心で「気持ちよく眠ってね」の優しさと真心が必須と感じます。

（佐々木幸枝）

A 寝付けない時に、「羊が一匹、羊が二匹、羊が三匹……」と数えますが、もともとは英語圏で「one sheep, two sheep, three sheep……」と数えられていました。「sheep」と発音する際に息を深く吐くことで、呼吸のリズムを整え、スムーズに入眠できるからです。このように、入眠の際には、リラックスして深い呼吸へと誘導してあげることがよいでしょう。そして、ヒトはリズムとの同調運動を生成することができるので、寝かしつけをする保護者や保育者もリラックスし、深い呼吸をすることが大切です。逆に保護者や保育者がイライラしていたり、緊張した状態で呼吸が浅くなっていたりすると、子どももそれに同調してしまうので気をつけましょう。

(石川基子)

A 園庭での外あそびを充実させます。太陽の下で、からだをしっかり動かせる活動を保育の中に取り入れます。園外散歩に出かけましょう。園外には、園内とは違う五感への刺激があります。

　個々人の寝る時の心地よいと感じる好みを知ります。髪の毛やおでこ、眉間などを触る、トントンして寝かせる等。また、布団にくるまれて眠ることを好む子どももいます。冬場であれば、からだが冷えて寝つけない子どももいますので、足湯をして足を温めると寝ます。

(上里千奈)

Q 午睡で、無理に寝させる必要はないでしょうが、おすすめの「クワイエットタイム」の方法があれば教えてください。

A クワイエットタイムの考え方ですが、部屋を少し暗くし、眠りにつきやすい環境を作ることがいいですね。つまり、生活習慣を整え、昼食後、いつも同じ時刻に、部屋の空気を清潔にするために換気をし、その後、カーテンを少し閉めることを、おススメします。要は、眠りにつく環境を習慣化させることが重要と考えたいものです。そのためには、集団生活であれば、決まった時間に、部屋の中で落ちついて午睡をするリズムを作ることが重要です。暗さと静けさ、綺麗な空気の中で、眠りにつく穏やかな言葉がけ、トントンのリズム、揺れも効果があると言えそうです。

(小石浩一)

A 絵本やお絵かき、ブロック等、静的に遊ぶことがおススメです。つまり、音がでる玩具やからだを動かして遊ぶあそびは、クワイエットタイムに適していま

せん。 （野村卓哉）

A クワイエットタイムのおすすめとしては、絵本や折り紙、ぬりえ、パズル等、静かに過ごせるものがいいと考えます。 （対馬広一）

A 3歳以上児になると、深いレム睡眠で一定時間眠って目覚めると再眠できず、布団の中で我慢を強いられることにもなりますので、そんな時は本人に「起きる？」と尋ね、起きると言ったら、ゆっくり静かに排泄・着替えを自分でするように伝え、その後は保育者の隣で絵本を読んだり、絵を描いたり、パズル、広告などの紙を細長く切って輪つなぎ制作など、音を立てない活動や、あれば午睡時間に保育士がする仕事（使った色鉛筆を削る、色紙や紙などの整頓など）、その子の年齢でもできる手伝い等をしてもらい、人の役に立つ喜びを感じてもらえる機会にしていきます。 （佐々木幸枝）

A 目をつむって静かにできるように、ゆったりした音楽やストーリーテリングを聞かせます。3歳以上児になると、日頃の保育の中で（瞑想のような）座って目をつむり、静かに深呼吸する時間（30秒〜1分程度）を設けることで、午睡時間に眠たくなくても静かにできるようになりました。 （上里千奈）

Q 朝起きたら太陽の光を浴びたり、太陽の下での活動を積極的に取り入れるとよいのでしょうが、室内でもできることはありますか？

A 太陽の光を直接からだに浴びることが、最も理想的です。しかし、室内で直接太陽の光を浴びることができない場合でも、窓を開けて、綺麗な空気を取り入れて、からだに外気を浴びることで心がリフレッシュできます。また、窓際に移動し、太陽の光を浴びることができれば、なおさら良いでしょう。

　さらに、風や太陽の光が直接当たらなくても、室内でリフレッシュできる活動で、汗をかき、自律神経の機能を向上させる効果は期待できます。したがって、室内においても、身体活動量を高める生活の中での軽い運動をオススメします。実践例としては、朝食の用意や片づけ、掃除、雑巾がけ、洗濯物干し等も、よい活動です。要は、日常生活はすべて運動と考えると、室内であっても身体活動量を増やすことも容易にできそうです。 （小石浩一）

A 室内でも、カーテンを開け、太陽の光で部屋を明るくしましょう。また、曲を流して、リズム体操を行い、からだを動かします。また、朝食の準備や片づけで食器を運んだり、床の拭き掃除をしたり等、少しでもからだを動かしましょう。

（野村卓哉）

A 室内では、窓がない部屋や閉め切っている部屋よりも、窓やカーテンを開け、太陽光が入る部屋がおすすめです。親子でお互いのからだを使ってできるような、ふれあい体操や曲といっしょにからだを動かすのもよいと思います。

（対馬広一）

A 朝起きたら、カーテンを開けて陽光を室内に取り入れたり、食事する場所（テーブル）を東側や南側に配置して陽光を自然と浴びることができるようなレイアウトにしたりすることがよいと思います。　　　　　　　　　　（板口真吾）

A 目覚めてすぐは、頭もからだもボーッとしているので、徐々に窓を開けて外気も取り込んでいくのがよいでしょう。そして、子どもたちが目覚め、次の活動の排泄や着替えに移行できそうになってから、まだ起きていない子の起床を働きかけで、保育士は窓を開けたり、布団をあげたりします。乾布摩擦や、朝は窓際でラジオ体操をするのもよいでしょう。　　　　　　　　　　　　　（佐々木幸枝）

A レフ板というのをご存知でしょうか。写真やテレビの撮影の際に、被写体に光を反射させる板です。白い板や布を使用し、光を乱反射させて、被写体や空間をより明るくします。部屋の採光が限られていても、壁紙や家具を白系のものにしたり、太陽光が入る場所に白い布などを広げたりすることで、より多くの太陽光を取り入れる工夫ができます。　　　　　　　　　　　　　　　（石川基子）

A できるだけ室内外の温度差が大きくならないように、環境を整え、体操や音楽に合わせて踊ります。また、友だちとのレクリエーション活動やでんぐり返し、横転、側転などの回転を伴う運動をします。マット運動だけでなく、ゲームに取り入れ、音楽に合わせて行うと、子どもたちは喜びます。　　　　　（上里千奈）

Q コロナ禍で子どもの体力低下が心配。子どもの運動の機会をどう作る？どう伸ばす？

A 基本的留意事項「食べて」「動いて」「よく寝よう」、そして、運動量を増やすことが大切です。コロナ禍に入ってからは、しっかり食べること、日中に運動すること、夜はよく寝て、１日の疲労を回復し、学んだことを定着させるという基本習慣が、これまで以上に乱れています。そのためには、生活習慣を整えて運動量を増やすことが重要です。運動の機会としては、お手伝いや荷物運び、生活活動の中で手軽にできる日中のからだを動かしが必要でしょう。　　　　　　　　（前橋　明）

Q 息子たち８歳と６歳は、スイミングを習っています。スイミングのコーチから、この３年弱のコロナ禍で、家の中で過ごす時間が増え、外あそびが減って、筋力の低下が著しいと言われていました。子どもたちの筋力・体力の低下が、これからの子どもたちの成長にどんな影響を及ぼすのでしょうか。

A コロナ禍では、外出自粛と運動規制が加わったため、運動量の減少が生じ、筋肉への負荷量も少なくなって、当然、筋力の低下が起きていると考えます。一方で、室内での静的で対物的なあそびが増え、近業作業が多くなることで、視力低下の発症が懸念されます。また、運動不足による体力の低下や運動スキルの学習が不十分になることで、運動能力の発達にも大きな期待をもてなくなっているのも事実です。動いていないために、心地よい疲労感が得られず、早めの就寝が期待できません。つまり、生活リズムも乱れを生じてきたと考えます。

　テレビやビデオ等の動画視聴をしながら、不規則なおやつ摂取と組み合わさって、「肥満体型」や、逆に食が細い結果、生じる「やせ体型」の子どもたちの増加も気になります。つまり、運動の基本である歩くこと、運動の主役である走る機会の減少で身体調整力が極端に弱まっていると考えられます。あそびを通した人との関わりやコミュニケーションの実交流の少なさからくる社会性の低下も懸念されます。

　　　　　　　　　　　　　　　　　　　　　　　　　　（小石浩一）

A 外あそびが減り、活動や行動範囲も同様に減少していることが予測されます。子どもたちは、屋外での活動において、様々な適応力を備えていくことができます。土の上やアスファルトの上、広場のスペースにより活動する幅も広がり、自

ずと歩数も増加させることが期待できます。

　また、季節に応じて、暑さや寒さ、風の流れを体感していき、汗を流したり、寒さを感じたりすることで、活動内容を工夫することもできるようになってきます。家庭では、屋内でできる活動もありますが、スペースや人数など、制限されることも多くなりますので、屋外での活動において、からだの使い方や行動幅を拡げながら、筋力や体力を高めていってほしいと願います。

　幼少期に外あそびや運動経験を十分にしていないお子さんは、中学や高校と進学していく中においても、活動量は多く望めない傾向にあります。すなわち、筋力や体力を向上させることが困難になり、体力面においても強くなることは望めないと考えます。社会人になっても、必要な体力や行動力、そしてメンタル的な部分においても強く保つことは期待できないように感じます。筋力や体力以上に、心の成長にも大きく影響を及ぼす可能性が高いので、外あそびや運動経験を積んでいってほしいと願います。

（池田修三）

　A 子どもたちの筋力と体力が低下することで、子どもたちの集中力も低下する可能性があります。言い換えれば、勉強や運動に集中できる時間が短くなり、学力や体力が伸びないことがあり、これは子どもたちにとってネガティブな影響をもたらすかもしれません。子どもたちの筋力と体力を向上または維持するためには、日常的に外に出て、からだを動かすことを心がけることが重要です。日中の暑さが気になる場合は、朝や夕方の気温が下がる時間帯に、親子での散歩やウォーキング、またはランニングをおすすめします。

（野村卓哉）

　A 基礎の部分としての筋力や体力が養われていないようであれば、疲れやすい、体幹の維持が困難となり、からだの不調や神経の衰弱からの不健康は必至かと感じます。

（佐々木幸枝）

　Q 長男（8歳）は、鬼ごっこやドッジボールの外あそびが大好き、サッカーは、週1時間、水泳は週1時間、体幹トレーニングは、週1時間行っています。次男（6歳）は、水泳を週1時間、外で遊ぶ時間は長男の1/10くらいですが、2人とも、区民プールや公園では延々と動いています。アドバイスや改善点などがありましたら、教えてください。次男には、もう少し外あそびを促すようにした方がいいのでしょうか？

　長男、次男だけを見ると、長男の方が活動量も多く、次男と比較しても、たくさん運動あそびができているように感じますが。

A からだを動かす健康的な習慣を築いているように思います。走ることやボールを投げること、蹴ること、そして、体幹を鍛えること等、様々な活動に取り組んでいるようですね。理想的な運動習慣に近いと感じます。しかし、二男さんは、長男さんと比較して、運動量がやや少ないように思えますが、特定の活動時間や種目にこだわるよりも、定期的に外で多様なあそびを楽しむ習慣を重視することがよいでしょう。

（小石浩一）

A 特に、個人差がある子どもたちの年代にとって、年が近いとは言えども、その比較が正しいとは限りません。子どもたち、それぞれのペースや、体力、考え方もあるため、大人が無理にペースを乱すことは避けたいと考えます。外あそびや運動あそびは、自発的に取り組んでほしいと考えますので、まわりの大人は環境をつくることが大切です。きょうだいが楽しそうに活動していると興味を高め、保護者が同様に取り組むことで、なお興味度は上がります。外あそびの促し方を工夫して、取り組んでいただきたいと思います。

（池田修三）

A スキャモンの発達曲線によれば、幼児期から低学年にかけて、神経型が成人の80％近くに成熟します。そのため、感覚と神経系の発達を重視し、協応性や敏捷性、平衡性、巧緻性などの調整力を育む運動が重要です。つまり、特定のスポーツにこだわるのではなく、多様な運動や動きを経験させることが必要です。また、次男は、長男よりも外で遊ぶ時間が少ないようですが、彼の興味や関心に合わせた外あそびを奨励することが大切です。次男が、自然と外で遊ぶ楽しさをみつけることで、外あそび時間が増えると考えます。また、家族や友だちとのあそびを通して、次男が外でのあそびを楽しむきっかけづくりになるでしょう。

（野村卓哉）

A きょうだいの関係づくりの点からも、2人でいっしょに活動し、お互いを刺激し合ったり、高め合ったりできるようになることが理想だと感じます。

（佐々木幸枝）

Q 息子たちが、うんていで遊ぶときは、握力がなく、ぶら下がっていられないそうです。これは、コロナ禍で遊具で遊べない期間が長かった影響があるのでしょうか？

A 一概には、コロナ禍の影響が要因とは言えません。日常で必要な握力を考えると、通園や通学でカバンを持つことでも握力が必要です。買い物に行った際に、買い物袋を持つことも握力が必要で、このような動作が多ければ握力もついてきます。家の中で柔らかいボールを握る動作は、テレビを見ながらでも行うことができ、握力も高まってきます。家庭においても、お手伝いの一環として物を握って持つことを実践いただきたいと考えます。それから、うんていでぶら下がれないのは、単に握力の弱さだけでなく、高さによる恐怖感を感じている場合もありますので、見極めて対応することも大切です。

（池田修三）

A コロナ禍による遊具の利用制限が子どもたちに影響を及ぼしたかどうかは分かりませんが、明らかに、ぶら下がるという非移動系の運動スキルの経験不足が関連しているようです。運動には、ある場所からある場所に移動する「移動系」の運動スキルと、逆に鉄棒やうんていにぶら下がって身体負荷の加わる「非移動系」の動きと、ボールを投げたり、蹴ったりする「操作系」の動き、その場で姿勢を維持したり、丸太や平均台の上を歩いたりする「平衡系」の動きという４つの運動スキルを経験する場があります。うんていで遊ぶということは、おもに、ぶら下がる活動をされていますので、非移動系の動きの経験のことだと考えます。

　ぶら下がる運動を考えると、室内で、物干し竿や竹竿などの一方を固定し、もう一方を大人が持ち、子どもがぶら下がることによって、握力の向上が期待されます。さらに、子どもが親の上腕二頭筋（力こぶ）にぶら下がることでも、同様の効果が期待できそうです。遊具で遊べない期間が長いといってコロナ禍の影響かというと、その他にも非移動系の経験のできる活動はたくさんありますので、コロナ禍による遊具の制限の影響よりも、むしろ非移動系運動スキルの経験が不足していた可能性が高いかもしれません。

（小石浩一）

A 一概にコロナ禍の影響とはいえない気がしますが、幼い時から両親の手や何かを掴んで姿勢を維持する動作が多くあると、変わったかもしれませんね。

（佐々木幸枝）

Q ：子どもの外あそびによる運動の大切さとして、

・循環器系や筋骨格系の発達、自律神経の機能が高まること等により、基礎体力がつく。

・太陽光を浴びることで生活リズムが整い、睡眠の量と質が良くなる。

・大脳（前頭葉）が発達し、おもいやりの心や将来展望のもてる人間らしさが育つ等、考えられますが、親の仕事の都合や住環境などにより、外あそびの機会を多くすることが難しい場合には、外あそびの代替になるようなこととして、どんなことがありますか？習い事で、からだを動かす、室内でからだを使った親子あそびをする、散歩する等もいいのでしょうか。

A 室内でも行える柔軟体操や親子体操、平衡系の運動あそび、壁倒立などで、腕の支持力は高められます。近隣に公園や広場がなければ、親子で散歩しながら公園や広場を見つけることも、よい経験になります。友だちとの活動や交流も大切ですが、幼児期は親子での活動も、後の子どもの人生において貴重な経験や財産になります。スポーツ選手の方に話を聞いている中でも、親がサッカーをしていたから、兄の影響で柔道を始めました等と聞くことがたびたびありますので、近親との取り組みも将来的に大きな影響をもたらすと考えます。 （池田修三）

A 子どもの外あそびでは、循環器系や筋骨格系の発達で基礎体力がつき、あわせて、自律神経の機能が高まり、体温調節ができるようになります。また、オートマチックにからだを守ることができる力がついていきます。さらに、太陽光を浴びることで、心地よく疲れ、夜には、快い疲労感で就寝と起床のリズムが良くなり、睡眠の量と質が改善される効果があります。外あそびの機会を十分に確保することが難しい場合は、子どもを預かっている園や学校の協力を得て、外で活動する機会を作ってもらうことが必要でしょう。

　外あそびの代替えとして、家庭でできることは、からだを使っての親子あそびをしたり、散歩をしたりすることはとても良い活動だと思います。また、あそびだけでなく、手伝いや親子のふれあい、動植物とのふれあいの場を重視されるとよいと考えます。屋内でできる活動として、階段の上り下り、雑巾がけ、掃除、洗濯物干しや取り込み等があります。これらも立派な運動と言えますので、おススメいたします。食器の片づけ習慣は、体力や思いやりの心の養成だけでなく、自己決定力を

発展させ、課題を忍耐強く乗り越える力を高めるのにも役立ちそうです。

（小石浩一）

A 休日や休暇は、屋外での活動を増やしたり、計画的に取り入れたりして、自然とのふれあいを増やし、外あそびが好きになるように働きかけるのはいかがでしょう。

（佐々木幸枝）

Q 共働き家庭では、平日、幼児期の子どもは保育園にあずけられ、学童期の子どもは放課後学童保育などで過ごしています。親が、仕事で子どもにかかわれない時間は、保育園の先生や学童の指導員や友だちと、からだを動かして遊ぶように促してもらうといいのでしょうか。

A とても良いと思います。学童の先生たちも、放課後の運動あそびの重要性を認識してくださっていると思います。学童の魅力は、同じ年齢の仲間だけでなく、異年齢の子どもたちといっしょに活動できることです。したがって、人との交流を伴う運動あそび（鬼ごっこ、リレー、ボールゲーム等）を増やすことを呼びかけられるのもよいと思います。

（小石浩一）

A 園や学童保育の中では、運動あそびに取り組む時間を確保されていることが大半です。子どもがからだを動かして遊んでいるかを確認することは必要と考えますが、カリキュラムを立てられている中で、一個人の考えや想いを言うことは難しいように考えます。子どもが遊んでいなければ、遊ぶように促してもらうことも一つですが、子どもにからだを動かして遊ばない理由を聞くことも大切です。帰宅してから就寝までの時間を考えると、帰宅後の活動を勧めることはできませんが、子どもの活動を日ごとに聞いて、その都度、子どもがからだを動かして遊びたくなるような言葉がけをしていくことも大切だと感じます。

（池田修三）

A とても良いことと思います。なぜ、そう感じたかをお伝えすると、まわりの人のより理解と協力が得られるような気がします。

（佐々木幸枝）

Q テレビやビデオ、ゲームのおもしろさを知ってしまった子どもたちに、屋外で人とかかわる運動あそびやスポーツの楽しさを味わわせることの難し

さを感じます。デジタルデバイスよりも、リアルな運動体験の楽しさを伝えるために、親はどんなかかわりから始めるといいでしょうか。

A 運動の楽しさを伝えるために親ができることとしては、やはり「感動体験」を味わわせることが大切です。できなかったことができるようになる努力する過程を褒めることや、人と関わることで協力や応援の大切さを知らせることも重要です。親子で活動するのであれば、からだだけを使ってできる「親子ふれあい体操」や、身近にある物を利用した「新聞紙」「レジ袋」「ペットボトル」等のあそびもオススメです。親子でいっしょに活動することで、運動の楽しさを体験し、「明日もいっしょに遊ぼう！！」という言葉が聞かれ、気づけばテレビやビデオを見る時間がしだいに短くなっているというのが理想的ですね。　　　　　　（小石浩一）

A まずは、親子で運動あそびやスポーツを始めることが効果的です。屋外では、キャッチボールやサッカー、かけっこ、大型のアスレチックがある公園もあるので、親子で取り組み、興味をもたせることが必要です。子どもが意欲的に取り組めるよう、言葉がけをすることが大切です。　　　　　　　　　　（池田修三）

A 親子でバドミントンやボール、犬とのフリズビー、友だちを誘ってお弁当を持って公園へ出かける等、まず、デジタルデバイスの無い環境に連れだすことを心がけてみましょう。　　　　　　　　　　　　　　　　　　（佐々木幸枝）

Q 今、見直したい子どもの外あそびの大切さ。親子で楽しいあそび体験をもたせるために、どうしたらよいか

A 外に出ることによって、適応能力を拡大させ、自律神経の働きを良くし、元気な子どもを育むことに有効だけでなく、太陽の光刺激をいただくことで、視力低下の予防策、近視の抑制につながるため、外あそびを大切にしていきたいと考えます。また、親も子どもといっしょにからだを動かして遊ぶことが大切です。子どもは、親に自分の動く姿を見てもらいたいわけですから、子どもが「見て、見て」と言ってきたら、見てあげることが大切でしょう。また、その時に具体的にどこが良かったかを伝えてあげると、子どもはさらに喜び、親子運動が大変好きになっていくでしょう。　　　　　　　　　　　　　　　　　　　　　　（前橋　明）

Q 子どもたちの遊ぶ様子を見ていると、夢中になって走り回って周囲が見えなくなり、転倒や不注意な衝突などによるケガが心配です。危険の回避や思考して行動する力を身につけるには、どのように指導するとよいでしょうか？

A 身体認識力を身につけ、空間の中での運動が安全にできるように、空間認知能力を高めるあそびが大切です。要は、スクリーンを介した活動では、奥行きやスピード感がつかめないので、実体験の中で奥行きやスピード感のある活動を行うことが必要です。具体的には、まっすぐ走る、止まる、転ぶ、立つ等の基本的な動作を経験し、その後、徐々に人数を増やしての鬼ごっこや追いかけっこ等の活動に移行すると、空間認知能力が発達し、楽しいあそびとなります。家庭での活動では、軽微なケガも経験の一部と捉え、転んで起き上がることや、足を擦りむいても我慢しながら走ることを成長の一環と考えたいものです。あそびの中で架空の緊急状態を取り入れた鬼ごっこやリレー等はとくにおススメします。危険を回避する行動は、友だちとの関わりの中で身につけます。多少のケガは仕方ないと考え、どんどん外あそびに挑戦させてください。　　　　　　　　　　　　　　　　　　　　（小石浩一）

A 実施前には、衝突の危険性や注意することを話しておくことが大切です。鬼ごっこでは、かけっこにおいてダッシュやストップ、方向転換など、運動あそびの基礎的な動作が含まれているため、繰り返し行うことで、衝突や転倒も回避できるようになっていきます。大人が実施する時には、周囲の環境や人数などを配慮して取り組んでいくことをお勧めします。　　　　　　　　　　　　　（池田修三）

A とにかく、前をよく見て、徐々に左右・上下、空間に意識が向くように活動を設定することです。風船やタオル・新聞ボールを飛ばして捕るあそびがオススメです。当たっても痛くないものから始めるとよいでしょう。　　　　　（佐々木幸枝）

Q 習い事、親の忙しさ等のために、子どもの外あそびの機会が減っていることもあるようです。現代では、親も子も忙しいために、子どもが遊ぶための「時間」「空間」「仲間」が減ってしまっていると考えられるでしょうか。子どもが自由に遊べる公園も少なく、遊具も昔より減少したように感じます。子どもの遊ぶ場所の確保について、どうお考えでしょうか？

A 幼児でも、週5日、習い事をしている子がいるように聞きます。外あそびの場所も減少していること、家の前や付近の公園においても、子どもに関わる事件や事故が相次ぎ、親も安心して遊ばせることができていない現状です。ガキ大将がまとめる子どもたちの世界も、今や聞かないようになってきている状況でもあります。

　空き地にはマンションが建設され、広場の減少、整備された公園であれば、子どもたちや人々も集うことができるのですが、整備されていない、草木が生い茂っている、遊具も点検や整備がされていない公園もたびたび見かけます。現代社会では、様々な問題も考えられますが、子どもたちがのびのびと遊べる環境を確保するには、抜本的な改革が必要になってくると考えます。 （池田修三）

A 令和時代に入って、子どもたちが遊ぶための「時間」「空間」「仲間」が減少していると感じます。「時間」は、園からの帰宅時刻が遅くなっていることや、習い事で遊ぶ時間が減少したこと、「空間」は自由に遊べる公園が減ったことや公園遊具の老朽化で活動できる場が少なくなったこと、「仲間」は子どもの数の減少に加えて、習い事で遊ぶため、地域で集う仲間が減ったこと等が考えられます。あそび場を確保するために、自宅から近い身近な公園や広場の利用、また、地域の小さな公園の清掃や草取りを地域に呼びかけて、子どもたちが安全に活動できる場所を確保する努力が必要です。さらに、行政が外でのあそびを奨励し、外あそびのスタッフがあそびや活動を支援し、例えば、学校のグランドや園庭を使用したイベントや活動は効果的でしょう。 （小石浩一）

Q 「幼児期は特定のスポーツの習いごとだけではなく、あそびによって、幅広いからだの動かし方をバランスよく体得できるような運動をすることが大切」と言われますが、親としては、子どもが楽しく取り組める運動の機会を与えたい、基礎体力をつけさせたい、という思いから、スポーツ系の習い事に取り組ませる人も多いと思います。しかし、幼児期の子どもの成長にとっては、「習う」よりも、友だちと工夫しながら自由に遊ぶ運動の方がいいのでしょうか？

A 子どもたちが自由に走り回り、身体活動を楽しく行えるあそびを地域のリーダー（ガキ大将）が主導することが求められます。以前は、このような光景が町の至る所で見られていました。しかし、現在はあそびを指導する大人の存在が不

可欠となりました。重要なのは、早い段階から特定の運動に特化し、専門技術を習得することではなく、幼児期には幅広い運動経験を重視することです。幼児期は、特定のスポーツよりも幅広い運動経験を重視し、4つの運動スキル（移動系、非移動系，操作系、平衡系）のあそびを運動プログラムに導入している習い事をオススメいたします。その習い事での学びを、地域の友だちと共にあそびの中で実践し、学んだことを日常に取り入れ、子どもたち同士で考えて活動する取り組みが理想的です。 (小石浩一)

A 広場の減少、様々な制限のある公園においては、子どもたちも自由に活動することが困難である中、子どもに関わる事件も多発していることで、友だちと工夫をしながら自由に遊べる空間を見つけることも難しい現代社会です。昭和から平成時代にかけても、大きく世の中が変わってきたように感じます。その中で、生活をする上でも利便性が追及される傾向にあり、人々の身体活動量にも影響が出ています。蛇口を捻らなくても自動で水が出てくる、エレベーターやエスカレーターの増加、子どもたちにとっては、通園時に自転車の後部座席に座っての通園や車での送迎、都会の園であれば、園庭が狭く、屋外での十分な活動が期待できない環境も少なくありません。このような環境下においては、運動あそびやスポーツを指導する指導者も必要と考え、子どもたち自身も指導者から正しい運動あそびの指導を受けることが、後の人生においても必要なことと考えます。

　大人や保護者でも、広場や公園での遊び方を知らないインドア派の大人も多いように感じていますので、子どもたちのみならず、保護者の皆さんにも、家庭での取り組み方もアドバイスして、外あそびや親子体操などを、親子で実践いくことが、今後の課題であると考えます。 (池田修三)

Q スポーツの習い事をする際に、左右のバランスが大切だと聞き、子どもにも利き腕・利き足でない方の手足を使った練習をさせているのですが、このような練習法は子どもの成長にどんな影響があるでしょうか。

A 幼少期に片手や片足だけを使って運動することは、成長するにつれて左右の機能差を拡大させる可能性があります。幼児期には、できる限り両手と両足を使って、幅広い運動を行うことが重要です。現在、利き手足ではない手足を活用したあそびを導入しているようで、これは非常に良い取り組みだと思います。子ども

たちが成長し、様々なスポーツに取り組む際に、器用なからだの動かし方はどのスポーツでも役立ちます。さらに、転倒した際にも、動きのバランスの取れたからだを作ることで、大きな事故を防ぐための保護反応を身につけていくことが必要です。

（小石浩一）

A 野球やサッカー、バレーボール等のスポーツを行う際に、利き足や利き腕を主に使って取り組むことは一般的で、取り組んでいるスポーツのキャリアを積み重ねることで利き足や利き腕と違う方を使うようにもなってきます。サッカーにおいても、無理に利き足と違う方を指導者や大人が強要することは、子どもたちにとってプラスにはなりません。まずは、取り組んでいるスポーツを楽しんで取り組めているのか？取り組んでいる子どもたち自身が嫌気をさしていないのか？ 子どもたち自身がスポーツを上達したい、楽しみたいという意識をもって自主的に取り組めるように、指導者は導く必要があります。かけっこのスタートにおいても、どちらの足を前に出せばスタートがスムーズなのか？キャッチボールにおいても利き手と逆で投げてみる、様々な取り組みを行う中で、子どもたちが必要性を感じる指導が大切であると考えます。

（池田修三）

Q スポーツに取り組む場合、苦手な練習を楽しみながら克服する方法がありましたら、ぜひ教えてください。

A 得意なことを伸ばす方が、苦手なことを伸ばすよりもポジティブに取り組みやすいです。それでは、苦手な運動が好きなものに変わるためにはどうすればよいのでしょうか。スモールステップで学びの場を作ることをおススメします。一つの動作を細かく分割し、簡単な動きから始め、成功体験を積み重ねていくことが大切です。苦手な動作が苦手と感じなくなると、良い効果が現れる可能性が高まります。

　また、子どもが積極的に取り組んだ時や動作が獲得できた時には、しっかりと褒めてあげることが大切です。つまり、指導者が段階的な指導や自己肯定感を高める言葉や褒め方などに注力することが重要です。

（小石浩一）

A ①練習する環境を変えてみる→屋外で行っている練習を屋内に変える。②土の上や芝の上など、地面に変化があることで条件や環境に変化が出る。③パート

ナーを変える。④ゲーム性をもたせて取り組む（得点やチェック方式を取り入れる）。⑤その日ごと、その時間ごとにクリアーできる、スモールステップを繰り返す。⑥苦手な練習を他人に指導する場をもたせる。⑦映像に収めて、画像や動画チェックを共に行う。子どもたちは、ちょっとした変化で、今までできなかったことが、できるようになることもあり、同じ練習でも指導者が代わることで、プラスの変化を期待できる場合もあります。ボールの大きさを変える、練習時間の中で練習の順番を変える等、指導者も常に工夫が必要です。　　　　　　　　　　　　（池田修三）

A 同じ課題に取り組む仲間（友だち）の存在があると心強いですね。
　　　　　　　　　　　　　　　　　　　　　　　　　　　　　（佐々木幸枝）

Q 親子でからだを動かす楽しい体験として、自然の中でのキャンプに出かけることについてはどうでしょうか？　夏休みに１週間ほど、家族でキャンプを体験したところ、普段よりからだをよく動かし、よく食べ、早寝早起きができていたようです。

A とても良い取り組みだと感じます。親子でキャンプに出かける家庭は、理想的だと考えます。しかし、そういったキャンプが難しい場合、保護者は子どもをスポーツクラブや地域のキャンプに参加させることを検討するかもしれません。１週間のキャンプ体験では、「食べて」「動いて」「よく寝よう」の生活リズム・体力向上作戦の標語そのものが実践できそうです。キャンプの良さを考えた時に、良い生活リズムにするには、テレビやビデオ、SNSが使用できない不自由な生活を体験させることが利点なのかもしれませんね。　　　　　　　　　　　　　　（小石浩一）

A 苦手な練習に取り組む時と同様に、環境の変化におけるメンタルの動向には、期待できるものがあります。トマトが苦手な子どもが、畑でできているトマトを自身で収穫することで食べれるようになった経験もあります。キャンプ場では、自然が多く、自ずと歩数も増えたり、自宅では経験できない取り組みも出てきたりすることがありますので、活動量全体が増加することも大きな要因と考えます。環境の変化で得るものは大きいと考えますので、子どもたちにはいろいろな場所での活動をしてもらいたいと願います。　　　　　　　　　　　　　　　（池田雄三）

A 家族全員の健康と精神的にもよいと思います。長期でなくても、短期で継続してみてはいかがでしょうか。 (佐々木幸枝)

Q からだを使って楽しめる親子あそびについて、3〜4歳、5歳〜6歳、小学校低学年の3つの段階で、それぞれどんなあそびがあるのか、おすすめを教えていただけますでしょうか。広い屋外だけでなく、家の前やリビング等でも、できることがありましたら、教えてください。

A からだを使って楽しめる親子あそびとしては、体操や簡単な運動ゲームを使うのがよく、例えば、3〜4歳は「高い高い」「スーパーマン」「メリーゴーランド」「ロボット歩き」「とび越しくぐり」「トンネルくぐり」「飛行機」など、ポイントとしては保護者主導型で子どもを持ち上げる種目を、5〜6歳は「逆さ歩き」「手押し車」「グーバージャンプ」「足踏み」「お尻たたき」「ぱちぱちトントン」等、ポイントとしては子どもと親で協力したり、ゲーム性を取り入れたりする種目、小学校低学年では「ボール前後渡し」「サンドイッチボール運び」「レジ袋キャッチ」「レジ袋リフティング」「新聞棒バランス」等、ポイントとしては体力、運動スキルを取り入れた競技種目をご紹介しておきます。 (小石浩一)

A 3〜4歳においては、スキンシップ体操として、親子でのふれあい体操を勧めます。親が子どもを持ち上げたり、子どもが親のからだにつかまったり、何も使わなくても簡単にできたりすることがたくさんあります。5〜6歳では、新聞紙やタオル、コンビニの袋などを使ったあそびも効果的です。子どもといっしょに遊び方を考え、ゲーム性をもたせていくことで、子ども自身が主体的に遊べるようになります。小学校低学年では、少し専門性をもたせて、キャッチボールやサッカー、バドミントン等が実施できます。的あてゲームで得点をつけていくと、楽しんで取り組めます。コンビニ袋を細長く伸ばしてロケットを作り、どちらが遠くまで飛ばせるか、または、座布団の上やソファーの上を的にして、投げてみるあそびがおススメです。 (池田修三)

A ソフトテニスボールを使ったキャッチボールや、曲に合わせた体操やダンス、すもう、倒立、でんぐり返し、チャンバラごっこがおススメです。 (佐々木幸枝)

Q 子どもが安全に遊び、運動できる場所を確保するためには、地域の人の見守りの目線もとても大事だと思います。親だけでなく、地域全体で子どもたちを育てるために、普段からどんなコミュニケーションが大切だとお考えでしょうか。

A 園や学校が今以上に地域との交流を深めていくためには、各自治体や行政のサポートが必要です。園であれば、高齢者施設に訪問する取り組みをしていますが、小学校や中学校、高校を含めて、年に数回の訪問で交流をもつことも行われています。また、様々な教科を学習することは進級していく上で、とても大切です。しかしながら、計算式を解いても、配慮ができない。歴史を覚えても、思いやりの心が育まれない。実験をしても、人に迷惑をかけることに使用している。学校で学ぶ授業はとても大切ですが、人を思いやる親切な心、学生の時に社会で働く人々の取り組みを学ぶ経験など、中学生の職業体験を小学校や高校でも実施してほしいです。大学生はインターンシップとして、様々な企業や職場を経験することで、卒業→社会人という壁を乗り越えやすくなると考えます。進級や進学、受験勉強のためにだけに勉強しているようでは、生きていく上で本当に必要なことは学べません。人々と共生、共存していくためにも、社会性を育む環境づくりをすることが、私たち、大人の役目と考えます。 　　　　　　　　　　　　　　　　　　　　　　　（池田修三）

A 地域イベントとして、小学校区や中学校区での運動フェスティバルを実施するのがよいでしょう。イベントでは、地域の専門家やボランティアを招き、子どもたちに生活のスキルを教えるワークショップを、中学校区のフェスティバルでは、中学生以上の生徒たちと保護者有志で構成されるチームによるドッジボール大会や、大縄跳び大会などの楽しいレクリエーション活動の実践は有効でしょう。その結果、地域の活性化と親子の交流が促進されることと思います。地域が一体となり、PTAやオヤジの会が率先し、小学校内外の清掃が始まることも期待できそうです。父親を参加させることで、よりダイナミックなイベントが実現できます。また、父親が輝く姿を見せることで、子どもたちの父親への評価や考え方も変わっていくでしょう。要するに、日常的に大人が参加する地域イベントを行い、子どもたちが中心となる街づくりが必要だと考えます。 　　　　　　　　　　　　　　　　　（小石浩一）

A 家族みんなで挨拶はもちろん、一言二言の会話や地域の情報共有、有事の助け合い、反面、あまり深入りやオープンにし過ぎるのも不安が伴います。ほどほどが良いかと考えます。 　　　　　　　　　　　　　　　　　　　　　　　　（佐々木幸枝）

Q 子どもたちのあそびの方法や、あそび声について、園や学校、役所に苦情を届ける人もいるようです。このような社会について、どうお考えでしょうか。

A 少し前にも公園での騒音により、公園の使用中止の処分を受ける事例もあったので、残念ではありますが、その人にはその人の事情があることも、理解しなくてはいけないと思います。ただ、その人にも幼少期はあったはずなので、今一度、あそびは子どもの健全な成長のプロセスに不可欠なものとして、理解と協力を得られる策を見つけることが重要だと考えます。園や小学校の役割や特性を理解してもらえるように、参加の機会を積極的につくることが大切です。園では、運動会・和太鼓発表・プール等の行事前に、お詫びの掲示をして、日頃から、子どもたちも含めご近所の方への挨拶や畑で採れた大根やピーマン、八朔、餅つきのお餅などのおすそ分けや、朝の園まわりの掃除のついでに草抜きやごみ拾い等、地域で共に生活している者として、「何かあれば、遠慮なく言ってくださいネ……」の一言と感謝、無理のない範囲でお互い様を大切にしています。 　　　　（佐々木幸枝）

A 大人の生活習慣も変化しており、夜間勤務や深夜に帰宅する人々が増加していると思われます。そうすると、子どもたちが活動する日中の時刻に夜勤の人は睡眠中で、子どもたちの声が雑音になることも否定できません。そのため、園や学校に苦情を提出する人々が現れるのは避けられないのかもしれません。このような社会の変化は、今後、都市部でいっそう顕著になる可能性があります。その解決方法としては、園や学校の責任者が、地域の住民とコミュニケーションを図り、子どもたちが活動する内容や時間帯をお伝えしておく必要があります。そして、園や小学校の活動も地域の人たちといっしょに作っていくという考え方が必要でしょう。すると、地域の方が、園や小学校の活動に対して苦情を寄せる人に説明してくれる応援団になることも期待できます。 　　　　　　　　　　　　　　（小石浩一）

おわりに

早稲田大学大学院 前橋　明研究室
認定こども園文の里幼稚園
副園長　　野村　卓哉

　この書籍づくりを通して、幼児体育の重要性と意義について、深く探求して参りました。知育、徳育、体育の３つの要素が、子どもたちの健やかな成長と未来の成功に、どれほど大きな役割を果たすかを熟考し、幅広い視点からその価値を掘り下げてきました。理論的な側面から、漢字文化における洞察を通じて、言葉や概念の奥深さを理解し、幼児体育の背後にある本質を浮き彫りにしました。

　「幼児体育」は、からだの発育と発達を促すだけでなく、豊かな心を育み、知識と徳性を結びつける重要な要素です。そのために、私たちは、幼児体育に対する理論的な観点からの理解をより深め、その役割を最大限に発揮する方法を模索し続ける必要があります。理論と実践を結びつけ、子どもたちに真の成長の機会を提供するためのアプローチを追求しています。

　漢字の「体」が示すように、からだは「人」の「本体」であり、その教育は、われわれの未来を形づくる基盤です。本書を通じて、幼児体育が、子どもたちの確かな学力、豊かな心、健やかなからだをもつための不可欠な要素であることを理解していただけたことに感謝いたします。

　これからの社会は、変化が激しいですが、確固たる理論的な知識や豊かな価値観、そして、実際の体験を通したからだづくり（実践）は、子どもたちが未来に向かって進むための確かな足場です。幼児期からこの基盤を築くことは、子どもたちの未来への投資であり、社会全体の質の向上に貢献することになります。

　最後に、幼児体育に携わる皆さまに、心から感謝申し上げます。そして、本書から得た情報や洞察を、全国各地域の幼児体育の発展と人々の生活の質の向

上に役立てていただければ幸いです。未来の世代にとって、幼児体育がさらに
充実したものとなり、子どもたちがますます健康で、幸福な未来を築く手助け
となることを願っています。

　2024年3月

■執筆者紹介

野村　卓哉　早稲田大学大学院／認定こども園文の里幼稚園 副園長

廣瀬　　団　東北生活文化大学短期大学部 生活文化学科子ども生活専攻 教員

倉上　千恵　MITTE KIDS 代表

佐々木幸枝　宗教法人法泉寺 法泉寺保育園 園長

板口　真吾　小平市立小平第十二小学校 主任教諭

小石　浩一　早稲田大学人間科学部 教育コーチ

石川　基子　特定非営利活動法人 向あそび場計画 代表理事

門倉　洋輔　小田原短期大学保育学科 専任講師

菊地　貴志　国際幼児健康デザイン研究所 指導主任

鵜飼真理子　社会福祉法人心育会 代表

小川　　真　NICOスポーツキッズ 代表

対馬　広一　株式会社Team Big Smiles／認定こども園文の里幼稚園 運動あそび担当

橋川　恵介　特定非営利活動法人三重県生涯スポーツ協会 専務理事

山本　信吾　特定非営利活動法人TSKスポーツコミュニティー 代表

有木　信子　元 作陽保育園 園長

桐山千世子　元 作陽保育園 主任保育士

福田　京子　元 作陽保育園 副主任保育士

木村　千枝　元 作陽保育園 保育士

内山　瑞枝　元 作陽保育園 栄養士

上里　千奈　堅粕保育園 主任保育士

■編著者紹介

前橋　明（まえはし　あきら）
現　職　早稲田大学 人間科学学術院 教授／医学博士
学　位
　　　　1978年　米国ミズーリー大学大学院：修士（教育学）、
　　　　1996年　岡山大学医学部：博士（医学）

教育実績（経歴）
　倉敷市立短期大学教授、米国ミズーリー大学客員研究員、米国バーモント大学
　客員教授、米国ノーウイッジ大学客員教授、米国セントマイケル大学客員教授、
　台湾国立体育大学客座教授を経て、現職

活動実績（社会的活動および所属、学会等の所属）
・社会的活動
　一般社団法人 国際幼児体育学会会長、一般社団法人国際ウエイトコントロー
　ル学会 会長、日本レジャー・レクリエーション学会 会長（2020～2023）、一般
　社団法人 国際幼児健康デザイン研究所顧問、一般社団法人 日中児童健康Lab
　顧問、インターナショナルすこやかキッズ支援ネットワーク代表、子どもの健全
　な成長のための外あそびを推進する会代表、日本学術振興会科学研究費委員会
　専門委員（2009.12～2017.11）、日本幼少児健康教育学会理事長（1982.10～
　2014.3）、日本幼児体育学会理事長・会長（2005.8～2022.3）
・受　賞
　1992年　米国ミズーリー州カンサスシティー名誉市民賞受賞
　1998年　日本保育学会研究奨励賞受賞
　2002年　日本幼少児健康教育学会功労賞受賞
　2008年　日本幼少児健康教育学会優秀論文賞受賞
　2008年　日本保育園保健学会保育保健賞受賞
　2016年　第10回キッズデザイン賞受賞
　2017年　（中華民国106年）新北市政府感謝状受賞
　2022年　日本幼児体育学会　学会功労者賞受賞

人を育む幼児体育の魅力と役割

2024年 4 月20日　初版第 1 刷発行

■編 著 者——前橋　明
■発 行 者——佐藤　守
■発 行 所——株式会社 大学教育出版
　　　　　　　〒700-0953　岡山市南区西市855-4
　　　　　　　電話(086) 244-1268(代)　FAX(086) 246-0294
■Ｄ Ｔ Ｐ——難波田見子
■印刷製本——モリモト印刷(株)

ISBN978-4-86692-298-0